中学生のための
語彙力アップシート

藤川章 編著　川原龍介 著

思考とコミュニケーションの世界が広がる1500ワード

図書文化

はじめに

　人はふだん，何気なく，たくさんの言葉を駆使して，人と話したり，文章を書いたりしています。いや，話したり書いたりする以前に，言葉を使って考えています。これは，日本人も，アメリカ人も，どの国，どの民族の人も同じです。

　私がいま使った「コトバ」という語は，「言」の字に「端」を加えて「言の端」から，「言の葉」となり，「言葉」となったそうです。

　表記の仕方も，奈良時代の万葉集では「言葉」「言羽」「辞」の3種類の文字が使われていますが，平安時代の土佐日記では平仮名の「ことば」が使われ，枕草子では「詞」，室町時代の徒然草では「言葉」の字が当てられています。

　言葉といえば，古今和歌集の仮名序のこの文はよく知られています。

　　やまとうたは，人の心を種として，万の事の葉とぞなれりける
　　（和歌は人の心を種として，たくさんの言葉になっていく）

　ここで「葉」の字が当てられたのは，樹木に生い茂る葉をイメージしてのことでしょう。言葉の豊かさが，葉の字がもつ「たくさん」という意味により表現されています。

　実際のところ，私たちが使っている日本の言葉は，実に多様で豊かな内容に富んでいます。そもそも漢字は，中国から伝来した文字です。四字熟語や故事成語の中にも，「杞憂」や「呉越同舟」「四面楚歌」など中国の歴史に由来する言葉がたくさんあふれています。さらに，「カステラ」「金平糖」などポルトガル語に由来する古い外来語や，明治維新以降現代にいたるまでに使われるようになったたくさんのカタカナ語が，その他の国との交流から生まれました。もちろん日本で生まれた言葉もあり，「雅」「艶」「あでやか」などの大和言葉は，いかにも柔らかい感じがします。

　和製英語と呼ばれる一群もあります。有名な例にスキンシップがありますが，これは欧米の育児に比べ，日本の育児は「おんぶ」に「だっこ」などの親子の肌の触れ合いを大切にする心性があることを表すためにつくられた言葉です。似た例に，ラグビーの「ノーサイド」があります。試合終了を意味する言葉ですが，敵味方に分かれて戦った者同士の境がなくなるという意味が込められています。試合が終われば，ラグビーを愛するただの仲間同士に

戻るということです。2015年ラグビー・ワールドカップのロンドン大会で，「ジャパン」が大活躍して注目を浴びた結果，ノーサイドの言葉が知られるようになり，ラグビーの祖国であるイギリスから「これ，いいね」と言われたそうです。「和」の魂が作った和製英語です。

　このように，日本語には多くの語彙があります。そして，四季折々の情緒や心の機微を表すために，さまざまな言葉を駆使してきた文化があります。子どもたちにも，そんな生い茂るようなたくさんの言葉を身につけてほしい，そう願って1500語にまとめたのが，本書『中学生のための語彙力アップシート』です。1週間に15語ずつ，1年間で約500語，3年間で1500語を学習できるように作成しました。どこから始めても，どこで終わっても，やった分だけ言葉を身につけることができます。

　身につけたら，使ってほしい。格好良い言葉を覚えたら，使ってみたくてたまらない。そして，使っているうちに，それが子どもたちの教養となっていく。たった1500語ですが，そんな思いで選んだ言葉です。3年間の中学校教育を通して，生徒たちがごく自然に意味を知り，使いこなせるように，言葉を厳選し，工夫をしました。ぜひ，ご活用いただきたいと思います。

2016年4月

藤川　章

中学生のための語彙力アップシート
もくじ

はじめに　3

1 言葉のもつ力　13

(1) 言葉は人なり
(2) 言葉はコミュニケーションの土台
(3) はじめに言葉ありき——感性や思考は言葉によって規定される
(4) 言葉が人生を豊かにする——言霊百選
(5) 言葉を通して人への理解が深まる
(6) 知的活動の基盤としての言語

2 語彙力アップシートのねらい　18

(1) 語彙力アップシートの目的
(2) 語句選定の観点
(3) 教師に必要な語句へのアンテナ
(4) 作文に見られる効果

3 語彙力アップシートの使い方　22

(1) シートの使い方
(2) 授業の進め方
(3) 意欲の高め方
(4) 放課後補習会の手順
(5) 語彙力アップと関連した取組み

4 語彙力アップシート①〜⑩　27

言葉一覧

あ

(100)-1494 愛嬌をふりまく
(100)-1496 愛想
⑯-240 愛憎
⑫-176 あいづち
(98)-1469 ＩＴ
(54)-807 アイデンティティー
㉗-392 生憎
⑩-142 合いの手を入れる
④-52 ＩＰＳ細胞
(62)-929 曖昧
(56)-839 遭う
㊾-733 アウトライン
(96)-1439 あえなく
㉜-476 青息吐息
(63)-937 青写真
(71)-1053 青田買い
(64)-947 青菜に塩
㊴-582 青二才
㊱-536 あおる
(84)-1257 アカウンタビリティ
⑪-156 あかつき（古語）
(75)-1118 暁
(67)-1003 あがなう
㊲-542 あか抜け
②-16 あからさま
(56)-837 灰汁が抜ける
㉓-345 悪循環
(70)-1039 あくせく
⑰-253 アクセス
(56)-836 あくまで
⑨-130 あげ足をとる
⑱-265 あげくの果て
(89)-1319 明けても暮れても
⑨-123 曙
⑦-92 空ける
⑬-187 あごで使う
(60)-888 足掛け
㉖-390 足が出る
㉔-350 悪しからず
(66)-990 あした（古語）
(65)-965 足下を見る
(52)-772 足をすくわれる
⑫-169 ＡＳＥＡＮ
(93)-1393 唖然
(86)-1290 あたかも
㉟-519 温かい
㊴-583 あだになる
㉞-500 あたふた
②-26 圧巻
(65)-963 斡旋
(85)-1263 天晴れ
⑬-182 あてがいぶち
(82)-1221 艶やか
㉓-340 充てる
⑤-61 後釜
(69)-1025 あとの祭り
⑪-160 強ち
(57)-846 侮る
(64)-958 アナログ
㉛-461 あにはからんや
㊷-626 あはれ（古語）
⑰-251 あぶはち取らず
⑥-84 油を売る
㉖-378 アプローチ
㉟-521 あまた
㊸-643 あまつさえ
㊹-656 雨降って地固まる
(93)-1390 あやかる
①-9 あやし（古語）
③-40 あやふや
⑲-278 誤る
⑲-279 謝る
(78)-1164 抗う
②-25 予め
(69)-1029 あり得る
㉕-373 ありがたし（古語）
㉑-315 あわよくば
(97)-1452 泡をくう
(53)-792 行脚
㊸-644 暗示
(78)-1170 案じる
(89)-1333 安泰
(92)-1376 暗中模索
⑰-252 案の定
⑪-155 安穏
(75)-1113 塩梅
㉗-393 安否
⑯-234 暗黙の了解

い

(94)-1401 ＥＣ
(91)-1364 許嫁
㊲-541 言い含める
㉚-448 ＥＵ
㊼-701 言いよどむ
㊾-721 庵
⑧-108 以外
⑧-109 意外
(62)-919 怒り心頭に発する
㊶-615 遺憾
⑳-286 意義
⑤-72 いきおい
(79)-1174 いきさつ
⑭-202 異口同音
(52)-771 いくばく
(59)-885 威厳
㉞-509 いさかい
(76)-1130 いざ鎌倉
⑯-235 些か
(61)-907 勇み足
(74)-1097 意思
①-2 礎
⑱-266 石の上にも三年
㉘-409 石橋をたたいて渡る
(90)-1338 医者の不養生
(55)-821 以心伝心
㉙-425 いそいそ
㉒-318 急がば回れ
㊿-744 いそしむ
(99)-1477 いたいけ
③-45 致し方ない
(55)-823 いたちごっこ
(72)-1079 いたづらに（古語）
㊳-560 板につく
㉚-450 傷む
①-12 労る
㊴-579 一言居士
(97)-1444 一期一会
(70)-1048 一日の長
(68)-1019 著しい
(83)-1241 一段落
㉕-370 一堂に会する
⑪-159 一富士二鷹三茄子
㊸-645 一抹の不安
(62)-921 一目置く
㉙-422 一目瞭然
㊹-660 いちるの
(63)-943 一蓮托生
⑲-281 一を聞いて十を知る
㊷-620 一喜一憂
㉜-478 慈しむ
(67)-1002 一計を案じる
(82)-1227 いっこうに
⑦-95 一国一城の主
㉔-346 一刻千金
(78)-1167 逸材
㉚-443 一矢
⑥-87 一触即発
(52)-770 一炊の夢
㉗-403 一寸の虫にも五分の魂
(79)-1183 一世一代
㊻-689 逸脱
㊻-685 一朝一夕
(76)-1133 一点張り
㉞-498 一途をたどる
(64)-957 逸話
(82)-1225 イデオロギー
(65)-964 いでたち
⑬-183 意図
㊶-614 いと（古語）
㊻-683 厭う
(76)-1137 異動
⑨-135 いとまごい
㉔-349 否
(59)-874 意に介する
(55)-811 イニシアチブ
⑦-104 犬も歩けば棒に当たる
(81)-1210 いばらの道
(87)-1305 畏怖
(54)-809 いぶかる
㊲-552 息吹
⑭-209 戒め
(80)-1192 いみじくも
㉘-417 意味深長
(87)-1302 妹（古語）
㊶-604 芋づる式
㊵-598 いやおうなく
(64)-954 いやが上にも
(63)-940 色眼鏡で見る
㊾-725 違和感
㉖-387 曰くつき
⑲-280 言わずもがな
(89)-1329 いわんや
⑳-287 引導を渡す
⑤-69 インパクト
(74)-1101 インフォームドコンセント
㊳-564 インフラ
(85)-1275 インフレ
⑧-107 隠喩
(71)-1056 陰暦

う

⑩-139 ウイット
(96)-1436 魚心あれば水心
⑲-271 伺う
①-4 うかつ
(63)-944 うがつ
㉟-512 浮足立つ
(54)-805 浮世
(84)-1255 承る
㉕-374 雨後の竹の子
(98)-1470 うさんくさい
(66)-988 後ろ髪を引かれる
(67)-1004 後ろ指をさされる
(78)-1166 うそも方便
㊱-535 うたかた（古語）
④-56 うだつがあがらない
(99)-1480 歌のこぶし
㊽-719 内弁慶
⑱-269 有頂天
⑭-197 うつくし（古語）
⑭-201 うっとうしい
(68)-1018 打てば響く
⑩-148 疎い
㉕-372 うとんじる
㉙-432 うなぎ登り
(60)-891 うのみ
㉚-446 うの目たかの目
(89)-1335 馬の骨
(57)-855 馬の耳に念仏
(64)-948 恭しい
(58)-860 うやむや
(95)-1425 裏腹
⑭-204 売り言葉に買い言葉
㊵-590 憂い

㊸-642 うろおぼえ
㊿-742 うわさすれば影
(81)-1203 うんちく
(74)-1108 雲泥の差
㉗-404 うんともすんとも
(70)-1049 うんぬん

え

㊳-558 英断
㉒-325 叡智
(80)-1196 ＡＰＥＣ
(79)-1181 営利
⑭-203 ＡＥＤ
(62)-923 エキスパート
(89)-1309 エゴ
㉑-303 エコロジー
(54)-801 会釈
(67)-991 ＳＮＳ
㊵-599 エッセイ
④-47 えてして
(51)-762 えにし
(75)-1123 ＮＧＯ
⑳-299 ＮＰＯ
③-38 エピソード
(92)-1371 襟を正す
⑥-77 円滑
㊹-658 婉曲
(92)-1378 えん罪
(78)-1169 ゑびす（古語）
(91)-1363 円安

お

(66)-987 ＯＰＥＣ
(86)-1286 おあつらえ向き
㉝-495 追い討ち
(94)-1400 負い目
(62)-928 押韻
⑮-220 往々にして
㉕-375 横行
(63)-945 往生
(68)-1011 凹凸
㉜-466 往年
(77)-1154 横柄
㊻-680 おうよう
⑨-132 往来
(97)-1455 嗚咽
⑯-236 ＯＥＣＤ
㊽-710 大いに
(58)-856 オーソドックス
(97)-1449 ＯＤＡ
(96)-1438 概ね
㊽-720 公
⑳-293 犯す
⑳-294 冒す
⑳-295 侵す
⑧-114 お門違い
(93)-1388 岡目八目
(55)-824 悪寒
(72)-1075 臆する
(72)-1069 おくびにも出さない
㉚-449 厳か
(65)-970 おざなり
㊿-747 納める
㊿-748 治める
㊿-749 収める
㊿-750 修める
㊽-716 おしなべて
(71)-1065 推し量る
(98)-1468 押し問答
(77)-1148 推す
㉛-465 おぜん立て
⑥-90 恐れ多い
(57)-854 おちおち
(83)-1237 お茶をにごす
(81)-1209 お中元
㊷-630 おっとり
(98)-1461 おとなし（古語）
(53)-789 鬼の目にも涙
(83)-1234 おのずから
⑬-194 おののく
㉒-316 オノマトペ
(77)-1151 十八番
㉓-342 お鉢が回る
㊸-635 オピニオン
(79)-1172 尾ひれをつける
(80)-1198 オブザーバー
(53)-795 覚束ない
㊼-697 朧月
(64)-956 お盆
⑱-261 お神酒
⑤-75 汚名をそそぐ
㊲-553 おめおめと
(73)-1084 思いも寄らない
(86)-1288 重きを置く
(76)-1128 おもてなし
㉒-326 おもねる
⑮-223 趣
(62)-924 おもむろに
⑦-101 面持ち
㊼-704 おもんぱかる
(87)-1291 折り合い
㉘-416 折り入って
㉑-313 折り紙付き
㉘-413 オリジナル
(55)-815 おろか
(65)-961 おろそかに
(52)-774 温故知新
(67)-993 温床
㊵-600 温存
⑪-152 御の字
㉙-434 音頭をとる
(80)-1190 音便

か

(90)-1347 かいがいしい
㊳-567 買いかぶる
(98)-1467 解雇
⑦-102 介在
㊿-737 解釈
(58)-862 懐柔
⑩-136 甲斐性
㉙-428 改心
(82)-1217 会心
(92)-1368 ガイドライン
㉙-424 概念
㊻-677 回避
(98)-1464 開放
(98)-1465 解放
(58)-866 垣間見る
(76)-1140 皆無
㉕-371 皆目
⑨-128 省みる
⑨-129 顧みる
(83)-1238 顔色をうかがう
㊼-703 カオス
(81)-1206 瓦解
㊴-581 案山子
(87)-1295 篝火
⑱-267 佳境
⑯-237 かぎろひ（古語）
⑪-164 核
(57)-847 画一的
(84)-1250 架空
㊼-692 核家族
㊱-530 画策
(66)-978 客死
③-43 確執
㊵-595 確信
(54)-810 革新
(95)-1422 核心
(60)-897 神楽
⑳-297 確立
㊸-641 掛詞
(69)-1023 駆け出し
③-35 かげり
(100)-1491 かこつける
⑭-206 過言ではない
⑯-227 風上にも置けない
(61)-910 かさに着る
④-55 風花
(95)-1419 河岸
㉝-485 かしこ
(89)-1331 過剰
(85)-1273 臥薪嘗胆
(77)-1145 かすがい
(71)-1061 数知らず
⑫-178 仮説
(80)-1188 過疎
㊳-562 気質
㉞-502 かたくなに
(51)-765 かたじけない
(66)-985 かたずをのむ
㉓-336 片棒をかつぐ
(85)-1267 かたわら
(69)-1021 価値観
(54)-800 火中の栗を拾う
(57)-850 花鳥風月
④-58 割愛する
㉗-395 画期的
(51)-764 喝采
(87)-1303 闊達
⑤-74 葛藤
(61)-905 糧
㊽-711 過程
⑧-113 カテゴリー
㉜-477 勝てば官軍
⑩-145 我田引水
(52)-773 角が立つ
(70)-1050 過渡期
⑩-149 要
⑬-181 必ずしも
(84)-1259 兼ね合い
㊺-671 かねがね
⑧-117 かぶりを振る
(92)-1375 果報は寝て待て
(89)-1316 かまける
(56)-832 がむしゃら
㉚-440 辛くも
(95)-1414 カリスマ
㊷-627 画竜点睛
(91)-1362 枯れ木も山のにぎわい
(78)-1165 間一髪
㉒-327 看過
㉔-355 感化
(99)-1482 感慨無量
(91)-1361 還元
(71)-1054 閑古鳥が鳴く
㉖-379 冠婚葬祭
㊲-549 感傷
㊷-616 神無月
(58)-865 芳しい
㊸-636 間髪を入れず
(65)-966 感銘
(74)-1102 寛容
⑥-83 還暦

き

(75)-1115 擬音
(53)-794 機会
⑩-138 気が置けない
(62)-926 幾何学
①-6 危機一髪
㊷-623 効く
㊷-624 利く
㉘-414 危惧
(97)-1450 ぎくしゃく
(83)-1242 棄権
㊵-596 紀行

⑳-289	ぎごちない	㊳-996	寓話	㊳-1223	けんもほろろ	㊼-790	ごぼうぬき
㊼-1214	きざし	㊙-1328	括る	㊽-1184	げんをかつぐ	⑯-238	コミット
㊱-526	起死回生	㊳-1382	草いきれ	━━ こ ━━		⑦-100	コミュニケーション
㊾-1484	希少	⑨-122	草分け	㉟-518	故意	㊷-1094	木漏れ日
㊻-1289	疑心暗鬼	㊳-1231	奇しくも	⓪-1493	語彙	㊷-1041	コモンセンス
⑨-133	絆	㊶-786	曲者	㊹-655	紅一点	㊷-1153	コラボレーション
㊶-840	既成事実	⑦-91	件	②-18	光陰	㊾-735	五里霧中
㊾-1420	毅然	㊸-1415	駆逐	㊹-798	行雲流水	①-13	コロンブスの卵
㊶-608	機先を制する	㊽-1027	口幅ったい	㊷-622	甲乙つけがたい	㉑-304	根拠
⑰-242	帰属	㊺-969	口火を切る	㊶-1199	狡猾	㊾-1471	権化
㊸-1105	忌憚のない	㊶-607	くちをし	㊺-981	紅顔	㊷-1045	言語道断
㊼-848	生粋	⑮-214	屈指	㉜-467	厚顔無恥	㉙-435	コンスタント
⑰-248	狐の嫁入り	㊺-828	号泣	㉗-397	号泣	㊾-872	コンセプト
⑱-268	木で鼻をくくる	㉝-484	苦肉の策	㊷-842	口語	㊙-1334	コンタクト
㊾-1337	機転	⑤-71	首をかしげる	㊳-563	功罪	㊸-632	混沌
㊽-951	喜怒哀楽	㊳-1220	九分九厘	㊻-1135	交錯	⑭-205	コンプライアンス
㉑-309	奇特	㉞-510	工面	⑫-167	公私	㊼-1176	建立
㊵-1122	木に縁って魚求む	㊳-1229	愚問	⑮-212	格子	㊻-826	金輪際
㊾-881	着の身着のまま	㊳-1216	クライマックス	㊾-1399	行使	━━ さ ━━	
㊺-664	希薄	㊵-898	くるぶし	㊸-682	恒常	㊻-684	塞翁が馬
㊷-1066	規範	㊷-934	玄人	㊶-761	更生	㊷-1251	最期
㉓-341	機微	㊼-853	グローバル	㉝-488	更迭	㊾-739	再三
㊵-1112	きびすを返す	㊷-1293	黒子	㊻-1435	口頭	㊵-886	歳時記
㊻-1429	詭弁	㉝-481	君子危うきに近寄らず	㉙-431	郷に入っては郷に従え	③-42	采配を振る
⑤-64	肝を冷やす	㉙-433	君臨	⑫-174	被る	㊵-890	遮る
㉕-369	きゃしゃな	━━ け ━━		㊸-1163	紺屋の白袴	⑤-73	早乙女
㊽-1016	ギャップ	㊼-700	経緯	㊹-647	呉越同舟	⑯-239	先駆け
㉓-335	キャリア	㊾-1453	敬遠	㊶-611	越える	㊿-1193	先んずれば人を制す
㊻-1300	牛耳る	㊷-1071	形骸	㊶-612	超える	㊾-1398	割く
㊿-1186	旧態依然	㊸-1109	契機	㉒-321	声をあららげる	㊶-1356	作為
㊴-578	仰々しい	⑬-190	敬虔	⑧-120	呼応	⑦-93	搾取
㊽-1008	胸襟を開く	㊾-1379	迎合	㊶-1202	木陰	㉗-398	雑魚寝
㊺-819	凝視	㊺-858	警鐘	㊺-913	凪	㊹-1051	此細
㊾-877	享受	⓪-1499	蛍雪の功	㊺-887	酷似	㊼-1205	差し当たり
㊷-1095	境地	④-57	境内	㊾-1406	孤軍奮闘	㉟-525	差し金
㊵-591	驚天動地	㊽-1020	慶弔	①-1	こけら落とし	㊾-1405	差し障り
㊽-1013	興味津々	㊷-625	啓発	㊾-1369	沽券にかかわる	㊷-1067	さしずめ
㊷-1142	虚栄	㊻-1248	敬服	㊺-1274	孤高	㊻-1246	流石
㉚-447	玉石混交	㊻-1285	けがの功名	㊱-528	固辞	⑲-282	挫折
⑮-222	御しやすい	②-30	逆鱗に触れる	㊾-1307	固執	㉕-362	左遷
⑳-288	去就	㊻-1282	解夏	㊾-1322	五十歩百歩	㉓-338	さぞ
㊽-1459	曲解	㉑-302	けげん	㊽-717	後生	㊸-1332	沙汰
㉛-455	挙動	㉖-381	下克上	㊻-1434	コスト	㊸-1323	さながら
⑮-217	漁夫の利	㊽-1000	夏至	㊹-803	拘る	㉟-517	さばを読む
㊾-729	きらいがある	㊲-546	ケセラセラ	㉘-418	東風	㊷-619	茶飯事
㊺-816	究める	㊺-868	けなげ	⑭-198	誇張	⑱-270	五月雨
㊺-817	極める	㊶-756	げに	㊳-1385	克己	㊾-1408	さめざめ
㊾-1343	奇をてらう	㊳-566	けふ（古語）	㊾-1394	忽然	㊵-894	座右の銘
㊸-1233	金科玉条	㊺-1351	煙にまく	㊾-1483	骨とう品	㊸-640	さらなり
㊷-766	均衡	㊷-1131	犬猿の仲	㊽-998	小手調べ	⑤-68	三寒四温
㉖-384	金字塔	⑮-213	けんけんごうごう	⑲-277	ことさら	㊳-569	暫時
㉟-511	琴線にふれる	㉘-407	検証	⓪-1500	言霊	㊾-880	三種の神器
㊼-1215	吟味	㊽-1456	喧騒	㊸-415	言葉尻	㊺-967	賛否両論
━━ く ━━		㊶-908	顕著	㊾-909	言葉のあや	━━ し ━━	
⑪-163	空前絶後	⑥-81	言質をとる	㉒-322	小春日和	㊱-540	ＧＮＰ
㊶-605	偶像	㊷-779	捲土重来	㊽-1177	語弊	㉘-420	しいたげる

#	#	語
93-1384	ジーディーピー	GDP
36-529		シェア
66-980	しおどき	潮時
21-307	じがじさん	自画自賛
72-1073	しかつもんだい	死活問題
78-1159		しかも
47-693		しがらみ
12-179	しきいがたかい	敷居が高い
43-639	じきしょうそう	時期尚早
99-1475		しきたり
32-480	しきんせき	試金石
95-1418	じくじたる	忸怩たる
19-284	しぐれ	時雨
97-1447	しけ	時化
33-494	しこうさくご	試行錯誤
87-1297	じごうじとく	自業自得
17-247	じごくみみ	地獄耳
7-103		しこり
95-1412	しさ	示唆
38-559		鹿おどし
47-702	ししょう	支障
1-15	しせい	市井
9-124	じそんしん	自尊心
24-352		したたかに
82-1230		したためる
67-995		舌つづみ
63-939		じたばた
37-550		したり顔
24-356	しちごさん	七五三
53-781	しちてんはっき	七転八起
12-170	しちてんばっとう	七転八倒
89-1308	しっこ	躾
60-899	しっこく	漆黒
99-1474	しっしょう	失笑
73-1093	じっぱひとからげ	十把ひとからげ
69-1030	しつよう	執拗
36-533		淑やか
55-820		しどろもどろ
73-1089	しにせ	老舗
33-487		しのつく雨
52-769	しののめ	東雲
37-544	しふく	至福
83-1240		シミュレーション
85-1264	しめい	使命
77-1155		しめやかに
75-1119		占める
67-1005	しめんそか	四面楚歌
11-154	ジャイカ	JAICA
18-263	しゃくぜん	釈然
21-310	じゃっかん	弱冠
52-780	じゃっかん	若干
56-827		斜に構える
25-361		ジャンル
34-503	じゅうおうむじん	縦横無尽
78-1161	じゅうごや	十五夜
71-1060	しゅうしいっかん	終始一貫
74-1107	しゅうじつ	終日
63-938	しゅうしゅうがつく	収拾がつく
62-917	じゅうじゅん	従順
3-34	しゅうたいせい	集大成
46-687	しゅうち	周知
50-746	じゅうにんといろ	十人十色
19-283	じゆうほんぽう	自由奔放
44-650		柔よく剛を制す
71-1063		雌雄を決する
86-1279	しゅかん	主観
96-1440	しゅしゃせんたく	取捨選択
22-324	しゅせんど	守銭奴
33-492		朱に交われば赤くなる
17-244	しゅらば	修羅場
4-51	しゅん	旬
78-1162	じゅんしゅ	遵守
54-806	じゅんたく	潤沢
4-60	じゅんぷうまんぱん	順風満帆
27-400	じゅんれい	巡礼
79-1182	じょういかたつ	上意下達
83-1244	しょうか	昇華
49-728	しょうかい	照会
66-977	しょうけい	憧憬
79-1175	しょうじんりょうり	精進料理
63-935	じょうせき	定石
10-143	しょうちくばい	松竹梅
87-1299	しょうちょう	象徴
3-32	しょうねんば	正念場
64-955	じょうほ	譲歩
93-1389	しょせいじゅつ	処世術
62-930	じょちょう	助長
11-161		序の口
44-654	しょほうせん	処方箋
76-1132	しょもう	所望
70-1044	しらぬい	不知火
12-166	しらはのやがたつ	白羽の矢が立つ
61-915	しりめつれつ	支離滅裂
23-332	しりょふんべつ	思慮分別
81-1212		ジレンマ
81-1201	しろくじちゅう	四六時中
77-1146		代物
24-347	じろん	持論
44-659	しわす	師走
80-1187	しんうち	真打ち
26-385		しんがり
51-763		人間至るところ青山あり
47-699	しんきいってん	心機一転
31-453		新規蒔き直し
27-399	しんきろう	蜃気楼
71-1052		ジンクス
53-787	じんけん	人権
92-1366	しんこっちょう	真骨頂
33-486	しんし	真摯
35-522	しんしゅつきぼつ	神出鬼没
76-1139	しんしょうぼうだい	針小棒大
68-1017	しんすい	心酔
57-844	しんらばんしょう	森羅万象

す

#	#	語
45-662	すいい	推移
66-984	すいとう	忍冬
14-196	すいこう	遂行
81-1213	すいこう	推敲
59-875	すいとう	出納
26-382	すうき	数奇
90-1345	すえひろがり	末広がり
87-1301		過ぎたるは及ばざるがごとし
69-1026	すきや	数寄屋
33-482		スキル
25-368	すけだち	助太刀
36-527	ずさん	杜撰
57-852	すじがねいり	筋金入り
99-1478	すじょう	素性
32-470		すずなり
85-1270		勧める
59-878		廃れる
100-1498		スタンス
55-822		スタンダード
2-23		ステータス
27-394		素敵
85-1269		捨て鉢
73-1086		ステレオタイプ
77-1152	すどく	素読
66-982		すべからく
51-759		図星
96-1431		住めば都

せ

#	#	語
15-224	せいこううどく	晴耕雨読
90-1349	せいさん	精算
90-1350	せいさん	清算
70-1047	ぜいじゃく	脆弱
28-406		青天のへきれき
18-264		セオリー
100-1497		是が非でも
30-441	せぞく	世俗
57-849	せぞく	世俗
6-82	せつげつか	雪月花
82-1226	せっけん	席巻
89-1312	せっさたくま	切磋琢磨
82-1228		雪辱を果たす
39-574	せっせい	摂生
14-195	ぜったいぜつめい	絶体絶命
65-975		折衷
10-146	せつな	刹那
95-1416		切に
96-1428	せつぶん	節分
80-1191	せつり	摂理
49-723	ぜひ	是非
72-1080	せんく	先駆
28-419	ぜんごさく	善後策
58-864	せんざいてき	潜在的
84-1252	せんさく	詮索
74-1110	せんさばんべつ	千差万別
38-570	ぜんじ	漸次
7-94	ぜんしんぜんれい	全身全霊
85-1266	ぜんじんみとう	前人未踏
58-870	ぜんだいみもん	前代未聞
54-799	せんだつ	先達
40-589	ぜんてい	前提
60-895	せんてんてき	先天的
37-551		船頭多くして船山に上る
37-555	ぜんとようよう	前途洋々
21-312	せんにゅうかん	先入観
5-70	せんぷく	潜伏

そ

#	#	語
78-1168	そういくふう	創意工夫
38-565		造詣が深い
94-1397	そうさい	相殺
61-912		造作ない
48-707	そうたいてき	相対的
89-1318	そえん	疎遠
29-430	そくしん	促進
89-1306		俗に
31-456		そぐわない
32-474	そしな	粗品
79-1171	そそう	粗相
75-1125		そそくさ
42-628	そち	措置
90-1341	そっきょう	即興
22-323		そぶり
93-1386		そもそも
47-698		そらぞらしい
69-1035		ぞんざい

た

#	#	語
13-188	たい	他意
58-859		対岸の火事
99-1485	たいきばんせい	大器晩成
27-391	たいぎめいぶん	大義名分
69-1028	たいこうぼう	太公望
97-1454	だいこくばしら	大黒柱
18-258	だいごみ	醍醐味
97-1448	たいじ	対峙
56-831	たいしゃ	代謝
89-1325	たいしょう	対象
89-1326	たいしょう	対照
89-1327	たいしょう	対称
51-755	たいぜんじじゃく	泰然自若
96-1430	だいたいあん	代替案
35-520	たいとう	台頭
67-997	たいまつ	松明
45-667	だいり	内裏
96-1433	だいろっかん	第六感
7-96	たかねのはな	高嶺の花
61-911	たかびしゃ	高飛車
17-249		高をくくる
1-153	だきょうあん	妥協案
64-953		託す
74-1104		企む
100-1495		たけなわ

(79)-1178 他山の石
(85)-1268 山車
㊿-741 たしなむ
㊴-576 たしなめる
(83)-1232 打診
㊺-675 黄昏
㊹-646 蛇足
⑩-137 質す
㊽-713 たちどころに
㉞-504 断つ
㉞-505 経つ
㉞-506 絶つ
㉞-507 裁つ
(81)-1211 たっての
(68)-1014 蓼食う虫も好き好き
㉝-489 伊達
②-28 たてまえ
⑫-168 たてまつる
(73)-1087 立役者
㉞-497 妥当
(94)-1402 棚からぼた餅
(64)-950 七夕
⑥-89 他人事
㉖-386 足袋
(95)-1413 たぶらかす
(95)-1417 ＷＨＯ
(56)-835 たまふ（古語）
(52)-778 玉虫色
(74)-1106 たまゆら（古語）
㉞-508 たもとを分かつ
(64)-952 たゆまぬ
(54)-808 たらい回し
(100)-1486 他力本願
(85)-1262 戯言
(73)-1092 たわわ
⑮-221 弾劾
㉟-515 端午の節句
(68)-1009 端的
⑨-121 単刀直入
⑳-298 担保する

ち

㊱-538 知己
(93)-1381 契り
(93)-1387 逐次
(64)-960 稚拙
⑧-111 秩序
(69)-1024 血と汗の結晶
(91)-1355 茶化す
(87)-1294 茶番
㉒-320 中座
㉛-458 中傷
(77)-1144 抽象
㉜-469 中枢
(74)-1096 超越
(67)-1001 兆候
㉖-380 朝三暮四
(75)-1114 朝令暮改
㊸-634 地理に明るい
⑲-272 陳腐

つ

(91)-1358 追憶
⑦-97 追求
⑦-98 追及
⑦-99 追究
⑥-88 通年
(84)-1256 遣う
(59)-879 司る
⑫-172 つかぬこと
⑧-116 つかまつる
(87)-1296 月並み
㊽-708 築山
(86)-1278 月夜の提灯
㊷-618 付け焼き刃
㊺-665 つたない
㉕-367 津々浦々
(84)-1253 つつがない
㉝-490 つっけんどん
(77)-1150 九十九折り
㉞-496 つとめて（古語）
㉚-444 努める
㉚-445 務める
(65)-968 角を矯めて牛を殺す
(71)-1057 つぶら
(55)-812 つまびらか
(59)-882 つゆ（古語）
㉚-439 鶴の一声
㉓-333 つるべ落とし
(100)-1489 つれづれ（古語）
④-59 つれない
(80)-1197 兵

て

(70)-1038 体裁
㉛-464 提唱
(92)-1374 体たらく
(62)-922 適材適所
㊻-679 適性
(84)-1249 手ぐすねをひく
㊶-606 てこ入れ
(76)-1134 てこずる
(68)-1012 凸凹
㊹-648 デジャブ
㊳-561 徹頭徹尾
(60)-896 手はず
㊻-686 てふてふ（古語）
㉙-429 手前みそ
(83)-1243 手持ちぶさた
㊾-732 出る杭は打たれる
⑥-80 手をこまぬく
(78)-1160 転嫁
(51)-757 伝家の宝刀
㊽-714 天下無敵
④-50 天高く馬肥ゆる秋
(92)-1367 天賦の才
(58)-869 伝馬船
㊸-638 てん末
㉔-351 天網恢々疎にして漏らさず
⑩-147 てんやわんや

と

(86)-1281 動機
㉒-328 桃源郷
(76)-1129 洞察
(72)-1068 冬至
⑫-173 当事者
(71)-1062 踏襲
(54)-804 等身大
㊴-572 陶酔
(80)-1194 淘汰
(51)-758 倒置法
㉖-376 堂々巡り
(94)-1410 唐突
(77)-1141 堂に入る
(84)-1258 東奔西走
(80)-1195 陶冶
㉝-483 登竜門
㉑-311 通り雨
(90)-1348 ときの声
㉘-411 どぎまぎ
(53)-788 読経
㉕-366 特長
(67)-992 常夏
③-44 外様
(72)-1078 土壇場
(89)-1321 突飛な
㊹-649 滞る
(73)-1082 調える
(62)-918 とどのつまり
(89)-1317 ドナー
⑬-185 隣の芝生は青い
(82)-1218 舎人
(89)-1310 鳶が鷹を生む
㊲-548 跳ぶ
㉚-437 とみに
(74)-1103 とめどなく
(54)-802 ともあれ
㊵-593 土用
㉛-454 トラウマ
⑱-260 とらぬたぬきの皮算用
㊼-691 虎の威を借る狐
(93)-1391 虎の子
⑯-229 取りざた
(62)-925 取り付く島がない
(86)-1283 とりとめのない
㊼-696 度量
(84)-1260 吐露
②-20 徒労
㉟-524 どんぐりの背くらべ
㊿-738 飛んで火に入る夏の虫
㉝-491 貪欲

な

(60)-900 ないがしろ
(65)-971 なおざり
㊱-532 名折れ
(98)-1466 なかんずく
(61)-914 凪
(91)-1354 泣き面に蜂
⑧-112 なけなし
(89)-1313 和む
㉔-360 情けは人のためならず
㉗-402 なほ（古語）
㉖-388 鈍ら
(72)-1072 なまじ
(66)-989 生半可
(68)-1007 訛
(51)-752 滑らか
㊺-661 奈落
㊷-617 ならわし
⑰-254 生業
(85)-1272 なれの果て
(90)-1340 爾

に

⑮-219 煮え湯を飲まされる
⑳-292 二束三文
③-31 二転三転
(74)-1099 二兎を追う者は一兎も得ず
(97)-1451 二の舞を演じる
㊶-601 二番煎じ
㉗-401 にべもなく
(65)-974 二枚舌
(69)-1022 ニュアンス
(75)-1111 柔和
(53)-783 如実
(52)-768 にわかに

ぬ

(99)-1476 糠に釘
⑱-259 ぬか喜び
(95)-1423 抜け駆け
①-5 濡れ手に粟

ね

⑧-110 ネガティブ
②-19 猫に小判
㊺-672 熱に浮かされる
(90)-1344 年功序列
(56)-834 ねんごろ
(86)-1280 念頭に置く
㉟-513 年配
㉙-423 年俸

の

(80)-1200 能ある鷹は爪を隠す
(97)-1445 ノウハウ
⑥-79 軒並み
㊶-609 臨む
㉓-337 野立
㊾-724 則る
(77)-1149 のべつ幕なし

(99)-1481 野放図
㊻-681 祝詞
㊽-712 ノルマ
(83)-1236 野分
㉞-501 ノンフィクション

は

(69)-1034 把握
(90)-1336 パーソナリティー
(68)-1006 バーター
(63)-933 パイオニア
㉚-438 媒介
(92)-1373 配偶者
(61)-901 背水の陣
(56)-829 排他
㉓-339 媒体
(83)-1245 バイリンガル
(81)-1207 映える
㉓-331 捗る
㉟-514 歯がゆい
㊵-586 図る
㊵-587 諮る
㊵-588 謀る
㉜-473 馬脚をあらわす
(83)-1239 波及
(53)-782 育む
⑨-126 白日
(93)-1395 漠然
⑰-243 白熱
㊴-575 白眉
⑮-218 ハザードマップ
(97)-1443 端くれ
㊴-584 馬耳東風
⑨-125 八十八夜
(61)-906 発揮
(58)-857 発祥の地
(78)-1156 バッシング
(81)-1204 抜擢
⑮-211 破天荒
(52)-775 花筏
(65)-973 花言葉
㉛-451 花冷え
⑲-273 はなむけ
(51)-754 花より団子
(88)-1320 花を持たせる
㉘-412 はびこる
(97)-1442 早起きは三文の徳
(68)-1010 はやる気持ち
⑩-144 腹いせ
(52)-777 パラサイト
㉟-523 ハラスメント
(94)-1404 パラドックス
②-27 バリアフリー
(51)-760 バリエーション
㊺-669 針のむしろ
㉙-421 春一番
(92)-1370 春雨
(79)-1185 バロメーター
(57)-851 反映
㊿-740 挽歌
⑭-208 反骨
(60)-892 範疇
(89)-1315 晩年
(89)-1330 反面教師

ひ

⑰-246 ＰＫＯ
(74)-1100 ひいては
(73)-1090 ヒエラルキー
⑰-245 引く手あまた
㉖-377 卑下
㉔-348 氷雨
(59)-876 ひざを交える
㉜-471 批准
㊶-603 ビジョン
(62)-927 左うちわ
(87)-1304 必至
⑤-66 人いきれ
(90)-1342 ひとかたならぬ
(53)-785 ひとかど
㉜-475 人心地がつく
③-33 一入
⑬-186 一筋縄
(70)-1042 人となり
(63)-932 人のうわさも七十五日
㊽-715 人のふんどしで相撲をとる
(71)-1055 ひな形
(61)-902 ひねもす
㊱-537 非の打ち所がない
㊾-730 ひのき舞台
(55)-813 火の車
(74)-1098 批評
⑲-274 火ぶたを切る
④-53 非凡
(72)-1074 百聞は一見にしかず
(100)-1488 白夜
⑰-255 百花繚乱
(62)-916 比喩
⑯-232 瓢箪から駒
⑥-76 豹変する
(83)-1235 表裏一体
㊳-568 日和見
(71)-1059 翻る
(99)-1472 ピンキリ
(67)-999 便乗

ふ

(86)-1287 ファジー
㉕-365 吹聴
(82)-1219 風物詩
㉗-396 フォーラム
㊿-745 負荷
㉘-410 不可欠
(73)-1088 不可抗力
㊶-610 不可思議
㊸-637 不朽
(55)-814 普及
㉑-305 不器用
(73)-1085 腹案
㊺-673 福音
(53)-791 覆水盆に返らず
(59)-873 伏線
㊽-706 伏魔殿
(69)-1032 不言実行
㉔-357 無骨
⑭-200 ぶしつけ
㊴-577 武士は食わねど高楊枝
⑩-140 腐心
(89)-1324 風情
(84)-1247 二つ返事
(94)-1409 物議をかもす
㊺-666 払拭
㊾-731 物色
①-11 仏頂面
㊻-690 ふつつか
㉛-459 不撓不屈
㉕-364 舟を刻みて剣を求む
(71)-1058 不文律
㊱-534 普遍
(63)-936 不本意
㉝-493 武勇伝
(56)-830 プライオリティ
(70)-1046 ブランク
㉚-442 無礼講
㊴-585 ふれこみ
⑨-134 プロセス
(60)-889 付和雷同
⑮-215 雰囲気
㊼-694 憤慨
(95)-1424 粉骨砕身
(85)-1271 分析
㉛-462 分相応
⑲-275 分別

へ

(68)-1015 平易
㊺-674 弊害
(75)-1117 平衡
(94)-1407 閉口
㊶-602 へき易
(73)-1083 へつらう
(70)-1040 辺境
⑬-189 弁慶の泣き所
㉜-472 偏見
(70)-1043 ペンは剣よりも強し

ほ

⑳-296 ボイコット
(62)-920 包括
㊵-594 傍観
(90)-1339 方策
⑯-231 傍若無人
㊾-726 抱負
⑩-141 ほくそ笑む
⑯-230 反故
⑥-86 矛先
(76)-1138 ポジティブ
(80)-1189 ほぞをかむ
㊿-743 ほだされる
(79)-1173 牧歌的
(52)-776 没頭
㊹-653 ポテンシャル
㊲-545 ほとぼり
(91)-1357 ボランティア
㉜-479 ポリシー
⑤-67 彫る
(91)-1353 本意
⑱-262 翻弄
⑧-119 本末転倒
(93)-1383 本望
⑧-118 本領
㊲-547 奔走

ま

㊼-705 枚挙にいとまがない
(71)-1064 マイナー
㊴-573 マイノリティ
(99)-1473 まがいもの
(87)-1292 魔がさす
⑨-127 間が持てない
⑨-131 まぎれもない
㊲-554 枕詞
(55)-818 枕を高くする
(93)-1392 マクロ
(75)-1124 馬子にも衣装
⑤-62 マス・メディア
(78)-1157 まだしも
(70)-1037 街
㊽-709 全うする
(69)-1031 まつりごと
⑳-300 待てば海路の日和あり
⑭-199 的を射る
㊳-557 まなじり
(76)-1127 マニュアル
(69)-1033 目の当たり
⑮-225 まほろば（古語）
(58)-863 まめな人
(65)-972 眉唾物
㉒-319 眉をひそめる
③-39 まれ
(96)-1426 まゐる（古語）
㊻-676 まんざらでもない
㊺-663 マンネリズム
(63)-942 満を持す

み

⑱-257 見かけ倒し
(59)-883 身から出たさび
㉚-436 ミクロ
㊱-539 水掛け論
(91)-1365 水の泡

㉕-363 水をあける
(51)-751 水を打ったよう
①-3 未曾有
⑩-150 三十一文字
(82)-1224 霙
⑧-115 見立て
(75)-1121 みだりに
㊶-613 道すがら
(52)-767 三つ子の魂百まで
(75)-1116 ミッション
(77)-1147 未必の故意
(59)-871 耳打ち
⑫-175 耳をそろえる
(86)-1284 未明
㉜-468 雅
㉓-334 冥利
㉓-343 身より
㊵-597 身を粉にする

む

(81)-1208 昔取った杵柄
㊾-734 無我夢中
③-36 無垢
(76)-1136 むげに
①-14 向こう三軒両隣
(92)-1377 むさぼる
(57)-841 虫が知らせる
⑤-65 虫が好かない
㊱-531 無情
(85)-1265 無常
(100)-1490 無尽蔵
㊾-727 無造作
(64)-946 無鉄砲
⑤-63 無頓着
(92)-1380 胸算用
㉙-426 無二
㉒-317 旨
(77)-1143 無病息災

め

(64)-959 明鏡止水
(72)-1076 名刹
④-49 命題
㉑-308 目が高い
(98)-1463 目からうろこが落ちる
(72)-1077 目眩く
㊾-722 目ざとい
⑯-226 目白押し
⑥-78 メソッド
⑲-276 メッカ
㉙-427 めっきり
㊹-657 めでる
(66)-979 めど
⑬-184 目端が利く
(99)-1479 メリット
⑪-157 めりはり
(51)-753 免罪符
⑬-191 面目ない
②-29 面目躍如

も

(94)-1403 毛頭ない
(54)-797 目論む
(53)-784 モチーフ
㊳-556 もちはもち屋
㊲-543 モチベーション
㊼-695 喪中
⑫-171 目下
㉔-358 もっけの幸い
⑭-207 勿体ない
(87)-1298 モットー
(57)-845 もっぱら
(58)-861 もとの木阿弥
(96)-1432 もとより
(89)-1311 物腰
(86)-1276 もののけ
⑪-158 もののふ
⑫-180 物々しい
㊷-621 模倣
③-37 桃栗三年柿八年
⑪-165 モラトリアム
(67)-994 モラル
(63)-941 門外漢
(73)-1091 紋切り型
(98)-1458 問答無用

や

(63)-931 やいのやいの
㉒-329 やおら
㊸-631 やがて（古語）
⑥-85 やきもき
④-48 役不足
㊸-633 焼け石に水
(91)-1360 焼けぼっくい
㊽-718 易しい
(98)-1460 やにわに
(95)-1411 やぶから棒
④-54 やぶさかでない
⑯-233 流鏑馬
㉓-344 やぶへび
⑪-162 野暮
(94)-1396 やませ
(56)-833 大和
⑰-241 大和撫子
⑦-105 山笑う
㉘-408 やむを得ず
(98)-1457 揶揄
(57)-843 弥生
(89)-1314 和らぐ

ゆ

㊺-670 唯一無二
㉑-301 融通
(75)-1120 遊説
(84)-1254 ユートピア
㊹-652 雄弁
(66)-983 悠々自適
⑰-250 猶予
⑬-193 ユーロ
(54)-796 所以
(70)-1036 ゆかり
(90)-1346 遊山
(55)-825 委ねる
㉔-359 油断大敵
㉑-306 ゆめゆめ
(82)-1222 由々しい

よ

㉛-463 宵の口
㊴-571 宵闇
②-24 余韻
(59)-884 容姿端麗
(56)-838 夭逝
⑯-228 漸く
(66)-986 余興
⑭-210 抑圧
⑲-285 抑揚
②-22 よこしま
②-21 横やりを入れる
(78)-1158 四次元
(64)-949 よしみ
㊹-651 寄席
㉖-383 黄泉
㊵-592 夜もすがら
(79)-1180 よもや
⑧-106 夜のしじま

ら

(97)-1446 来賓
(72)-1070 ライフライン
(58)-867 落成
⑳-291 らちがあかない

り

④-46 リアル
㉔-353 リサイクル
㊻-688 リスク
(79)-1179 リハビリ
⑮-216 理不尽
(53)-793 リベラル
(60)-893 リミット
㉔-354 リユース
(100)-1487 竜頭蛇尾
⑬-192 流動的
(73)-1081 流用
㉗-405 凌駕
㉛-457 良薬は口に苦し
(91)-1352 理路整然
(61)-904 輪郭
(85)-1261 臨機応変
㉖-389 臨床
(96)-1427 臨場感
①-7 凛とした
①-8 倫理

る

⑪-151 類は友を呼ぶ
(65)-962 ルーズ
①-10 ルーティン
(97)-1441 るつぼ
⑳-290 流布

れ

(95)-1421 歴然
(100)-1492 レクイエム
㊷-629 レクリエーション
(61)-903 レッテル
⑫-177 レトロ
(76)-1126 廉価
㉞-499 連鎖

ろ

⑱-256 老若男女
③-41 狼狽
㉛-452 老婆心
(98)-1462 ローカル
(86)-1277 緑青
㊿-736 ロジック
㊻-678 路頭に迷う
(66)-976 論より証拠

わ

㉟-516 若気の至り
㉑-314 弁える
(96)-1437 わだかまり
㊴-580 轍
㉒-330 渡りに舟
(91)-1359 渡る世間に鬼はない
②-17 わびさび
㊺-668 笑う門には福来たる
㉛-460 わろし（古語）

を

(92)-1372 をかし（古語）

1 言葉のもつ力

(1) 言葉は人なり

　言葉は人である。その人の発する言葉は，その人の生き方，考え方，感じ方，すなわちその人の人生そのものを表しているといってもいいだろう。

　筋の通った正しい言葉ばかりでなく，心の琴線にふれてくるような言葉，古今東西の先人が培ってきた名言や箴言，人の心を和ませるユーモアの言葉など，「私」という人間が口にするさまざまな言葉は，他者が「私」という人間を認知する最大の鍵となる。

　「人生にはね，無駄なことなどないんだよ。いま，あなたが無駄のように思えていることが，いつか必ず役に立つことがあるよ」と私に語ったK先生の言葉。そのときの表情や声の調子まで，はっきりと覚えている。そのシンプルな言葉が，いまも私の生き方の指標になりつづけているのは，それがK先生の発する言葉であったからだろう。「人生に無駄なし」という言葉は，字義どおりの意味を超えて，K先生の人生哲学と言えるものだったと思う。それまでのK先生との交流，先生への尊敬や信頼があったから，この言葉は私の心の琴線にふれ，私の心の中に生き続けている。

　会津藩校日新館には，少年たちの行動規範として有名な「什の掟」がある。この「什の掟」の最後は，「ならぬことはならぬものです」という言葉で締めくくられる。「ならぬことはならぬものです」。そう言い切る者の精神の強さ，潔さ，厳しさなどを感じさせる言葉である。この言葉を発するとき，少年たちは，自分がそれにふさわしい人柄や姿勢をもっているか，おのずと自覚されるのであろう。

　他人と和むためには，「笑い」も重要である。しかし，ともすると，第三者を貶めることによる笑いになりがちである。ここにいない誰かを攻撃することで，目の前の人との表面的な絆を結べた気になっても，メンバーを変えて同じことが繰り返されるだけで，ネガティブな人間関係が拡大再生産されていく。「いじめ」も同様である。

　他人を引き下げ，傷つけ，貶めることなく，思わず笑顔になるようなユーモアの言葉を発することができる人は，人柄のよい人である。そして，そんな人と人の間を和ませるユーモアの言葉からは，その人の人柄と教養だけでなく，その人が属する集団の性質をも感じられる。言葉はコミュニケーションの土台である。言葉による豊かなコミュニケーションのうえに，あたたかい人間関係が築かれるのである。

(2) 言葉はコミュニケーションの土台

　言葉はコミュニケーションの土台であり，コミュニケーションは人間関係の土台である。よい人間関係が築かれるためには，よいコミュニケーションを交わすための言葉のレパートリー，つまりポジティブな語彙（ボキャブラリー）を一人一人がどれだけもっているかが，大きな鍵となる。

特に教員は，生徒をねぎらう言葉，いたわる言葉，慰める言葉，戒める言葉，奮い立たせる言葉など，生徒とのよいコミュニケーションのための言葉をたくさんもっていることが必要であろう。そして，そのような教師のコミュニケーションのありかたは，子どもたちのコミュニケーションの模範となる。

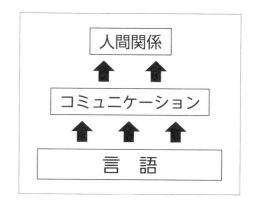

子どもたちに，友達関係がスムーズに結べるようなよいコミュニケーションの言葉をたくさんもたせることは，関係づくりの第一段階である。このような人間関係の土台があってはじめて，間違いや誤解，対立等を恐れずに，言葉が多彩に，活発に行きかうようになる。相手と言葉を交錯させていくと，相互の思考が活性化し，進歩する。自分のテーゼに対し，周囲からアンチテーゼが出され，自分の中で考えた言葉がたくさん情報として蓄積されていく。そして，それにより正しい判断が生まれる。これが，人間関係の第二段階である。

第一段階に失敗すると，子どもの間で「うざい，キモイ，死ね」などの言葉が飛び交うようになる。汚い言葉が，まるで先手必勝のように口から飛び出してくる。ジョークであることを装いながら，日常化する乾いた言葉は，子どもたちの心を重いボディブローのように蝕んでしまう。その前に，先手必勝で，よい言葉を身につけることである。

「やばい」という言葉にたくさんのニュアンスを載せ，頻繁に使う若者文化がある。「あぶない，不都合だ」という本来の意味から，「凄い，魅力的だ」という肯定的な意味にまで転じて使われ，いまや若者だけでなく，多くの世代で使われるようになっている。1つの言葉ですむ便利さや，その場その時でニュアンスの違いを共有できる仲間意識を楽しむ側面もあるかもしれないが，相手とほんとうに思いが通じているかを確かめるためには，言葉が足りない。

自分の感じていることや，同じ言葉でも相手とは異なる微妙なニュアンスの違いを多様な言葉で表現できるようになれば，それだけ互いの本心に根差した深い交流が可能になる。一つのことを多様な言葉で表現できるのは，日本語の文化であり，それが，日本人の言葉の教養である。そのような言葉の世界を，中学生のうちにどれだけ理解し，身につけ，使いこなせるようになるかが勝負である。

(3) はじめに言葉ありき——感性や思考は言葉によって規定される

ところで，本書で扱う1500語のなかには，大人にもむずかしい言葉が含まれている。このように意味もよくわからない言葉をたくさん覚えることに意味があるのだろうか。

スイスの言語学の巨人ソシュールによれば，言葉にとって，知識と感性は後づけだとい

うことである。記号としての言葉は、もはやそれと対応する特定の何か現実のモノを指し示してはいない。その言葉を使う人の文化や社会の都合で、恣意的に「仕切り」をつけたモノや事象を表しているというのだ。

　少し身近な例で考えてみたい。私の三男がまだ2歳前後で、ようやくいくつかの言葉を発するようになったときのことである。妻は夕方になると三男を背負って、毎日のように散歩をしていたが、あるとき興奮しながら、「トシヤがね、夕焼けをみながら、『まあ、きれい』と言ったの」と帰ってくるなり私に言ったのである。

　図工教師である妻は、夕方の空の色の移り変わりが好きで、特に紫色から紺色に変わるあたりの色が好きだった。それを見ながら、「まあ、きれい！」「空の色、きれいね」と、後ろに背負った三男に語り続けていた。あるとき、母の言葉を聞き続けた三男がオレンジ色の夕焼けを見て、「まあ、きれい」と言ったのだ。

　このとき、幼子の中に美的センスがあったのではなく、母親を真似て「まあ、きれい」と発しただけであっただろう。しかし、その言葉を母親に感動されるなかで、移り変わる夕方の空の色を「きれい」と言う感覚が芽生え、そこから彼の美への感性は少しずつ育っていったのだと思っている。言葉が先で、感性は後づけだった。

　「はじめに言葉ありき」は新約聖書に出てくる言葉である。そこには、「神の言葉（ロゴス）から世界が始まった」と記されている。これは聖書の世界の話であるが、それ以前に、ギリシャ語のロゴスには、論理とか理性、思想という意味がある。モノや事象によるのではなく、それを恣意的（勝手気まま）に定義づけた言葉によって、人間の思考が規定されるという考え方は、古くギリシャ時代からあったものらしい。

(4) 言葉が人生を豊かにする──言霊百選

　旅先で俳句を思い出し、作者の心情や当時の町並みに思いをはせる。いつの世も変わらぬ悲しみをうたった詩に、心をなぐさめられる。どれだけ、多くの、美しい、含蓄のある言葉をもっているかで、人生の豊かさが決まってくる。

　このような実践の一つに、名文、名詩などを暗唱する杉並区立天沼中学校の活動がある。短歌、俳句、川柳、都々逸から、物語や小説の名作の冒頭、論語、漢詩など、古今東西の100の短文を暗唱する週間（言霊週間）を全校で設け、年間2回、検定を行っている。暗唱する短文は『言霊百選』という冊子に集められている。この活動は朝日新聞に掲載され、NHKで放映されたあと、講談社から『ことだま百選』として編集出版された。

　言霊週間に暗唱した100の短文は、日にちがたてば、忘れてしまうものもあるだろう。そこで、「言霊名人」という制度が作られ、100選の中から教師がランダムに25の言霊を指定し、それを暗唱できた子どもは100全部を覚えていると考えて、「言霊名人」に認定するのである。

　言葉には力がある。「ならぬものはならぬものです」のような言葉が自然に思い浮かぶ

ようになると，その行動までもが自分の中でごく当たり前のこととして定着するようになる。どこか表面的だった言葉が，ほんとうに意味あるものとして心の中に定着するのは，その言葉がもっている力である。

また，初めに覚えたときにはまったくわからなかった文章が，年齢を重ねた後に思い出したとき，「ああ，こういう意味だったんだ」と深く得心がいくこともある。言葉を通して，理解が深まり感性が育つ実感を得ることができるであろう。

(5) 言葉を通して人への理解が深まる

中学校生活の中で，子どもが長い期間をかけて言葉の意味を深く理解し，実感していく例として，構成的グループエンカウンターの「私の四面鏡」というエクササイズの実践例をあげたい。このエクササイズは，グループの中で互いにポジティブフィードバックをし合うもので，「頼りになる」「優しい」「まじめな」など54個の形容詞から，その人にあてはまると思う形容詞を5個選んで贈り合う。6人班で実践すると，自分以外の5人から合計25個の形容詞をもらうことになる。そしてこの形容詞は，すべてほめ言葉になっているのがミソである。

このエクササイズを，年間6回，中学3年間で18回実施すると，どういうことが起きるか。「味がある」「寛大な」「おおらかな」などの言葉の意味は，中学1年生にはまだピンとこない。だから，生徒たちは自分がわかるほめ言葉の中から選んで互いに贈り合う。それが，1回目，2回目，やがて2年生になり，3年生になり，と繰り返されるうちに，語彙の広がりとともに，友達との関係や活動が深まっていく。すると，あるとき，これまでわからなかった「素朴な」「気どらない」という言葉は，まさしく○○君のような人のことを表す言葉なのだ，と自分なりの（恣意的な）納得が劇的に得られる。また，同じ「優しい」という言葉でも，Aさんに贈る優しいとBさんに贈る優しいは意味が違うことに気づく。ここでも，まず言葉があり，意味や感性は後づけだ。

肯定的な人間関係の中で，このような言葉を体験的に理解し，自分のものにしていくことで，子どもたちは人づきあいの名人になれることであろう。

(6) 知的活動の基盤としての言語

さて最後に，文部科学省が推進する「言語活動の充実」に関する基本的な考え方に簡単にふれ，この序章を終わりにしたい。

21世紀を担う子どもたちに，知識基盤社会の到来やグローバル化の進展など，急速に変化する社会へ対応する力としてまず重視されたのが，下記の学力の3要素であった（学校教育法第30条第2項）。

①基礎的・基本的な知識・技能
②知識・技能を活用して課題を解決するために必要な思考力・判断力・表現力等

③主体的に学習に取り組む態度

そして,各教科等において思考力・判断力・表現力等を育成する観点から,言語環境を整え,言語活動の充実を図ることに配慮することが求められた(学習指導要領第一章総則)。

国語科の「話すこと・聞くこと」「書くこと」「読むこと」を中核にしながら,各教科等においても教科等の特質に応じた言語活動の充実をめざすとされたのは,「国語力」をすべての教科の基本と位置づけているからである。

これに基づき,言語力は「知識と経験,論理的思考,感性・情緒等を基盤として,<u>自らの考えを深め,他者とコミュニケーションを行うために言語を運用するのに必要な能力</u>」であると定義され,言語力の育成を図るためには,「知的活動に関すること,感性・情緒に関すること,他者とのコミュニケーションに関することに,特に留意すること」と提言された(平成20年 中央教育審議会答申)。

ここで私たちが注目したのは,「話すこと・聞くこと」「書くこと」「読むこと」に関する基本的な国語力を定着させるために,記録,要約,説明,論述といった言語活動と共に,言葉の美しさやリズムを体感させることの重要性である。学習指導要領においても,読書活動の推進や図書館の利活用と並んで,「語彙や表現を豊かにするために適切な教材を取り上げること」が重視されていることを大切にした。

このような経緯から,独自の教材として「語彙力アップシート」を編集することで,子どもたちに言語能力を定着させ,コミュニケーション能力を磨き,思考力・判断力・表現力を育成する基盤とすることをねらいとした。

2 語彙力アップシートのねらい

(1) 語彙力アップシートの目的

　著者らが「語彙力アップシート」に取り組んだ理由は3つある。キーワードは,「語彙力」「辞書で調べる力」「自学自習力」の向上である。

①語彙力の向上

　言葉の意味を多く知ることは,読解力の向上につながる。教科書の文章も新聞記事も,言葉の意味がわかることで読み進めやすくなる。読解力は,数学の文章題を解くにも,取扱説明書を読むにも必要であり,その効果は国語のみならず他教科の活動にも波及する。

　また,使える言葉が増えることは,表現力の向上にもつながる。「君たちが保護者と口げんかで勝てないのは,語彙力の差である」と話すと,生徒たちは意欲的に取り組む。大人のほうが言葉を多く知っているのを,生徒たちは身をもって経験しているからである。

　そして,人は言葉で思考する。思考を深めるには,多くの語句の知識が必要である。例えば,「『世界』というテーマであなたの考えを書きなさい」と言われた場合,「世界」からどれだけたくさんの言葉を連想できるかどうかが勝負である。世界,発見,コロンブス,ヨーロッパ,経済,先進国,途上国,近代国家,政治,支配,農業,軍事力,文明,文化,破壊,環境,自由,平和,国際競争力……。頭の引き出しにどれだけ多くの語彙カードが入っているか。たくさん思いつけばつくほど,「世界」というテーマに対する視点に深みが出て論理的思考も組み立てやすくなる。

　「やばい」「すごい」に終始する生徒たちの会話も,友達同士のコミュニケーションとしてはかまわない。しかし,同じ「悲しい」でも,ペットの犬が死んで悲しいのと,ソフトクリームを落として悲しいのでは質が違う。それを,どう語彙を変えて表現したらよいかを考える機会をもたせることが大切である。例えば,「[　　　]泣き」の空欄にあてはまる語句を考えてごらん,という発問から,すすり泣き,半泣き,忍び泣き,男泣きなどをあげさせた後,涕泣,飲泣,感泣,号泣,血涙,慟哭などさらに多くの語彙が存在することに気がつかせたい。

②辞書で調べる力

　語彙力アップシートの意味調べでは,必ず紙の辞書を使って調べさせる。例えば「ときの声」は辞書では一発でひけない。生徒は「辞書に載ってない」と訴える。しかし,載っていないのではなく,見つけていないのだ。

　「載っていない語句は分解・合成」が合言葉である。まず言葉を分解して,「とき」を調べさせる。「時,斎,鴇,鬨」あたりを垣間見ながら,「鬨の声」にたどりつかせる。「盗人たけだけしい」も同様である。「盗人」と「たけだけしい」を分解して,それぞれを調べさせる。「ぬすびと」+「ずうずうしい」を合成して,「盗んでいながら平気な顔をしている」という意味にまとめることができる。

わからない語句を調べるときに，ネット検索や電子辞書にそのまま打ち込んで，ピンポイントで調べるのではなく，紙の辞書で周辺語句を垣間見ながらお目当ての語句にたどり着かせると，言葉との出会いはさらに広がる。また，一度辞書で引いた語句には線を引いたり，付箋紙をつけたりさせておく。こうして使い込まれ，線や付箋紙で「汚れた」自分だけの辞書は，中学卒業後も捨てられない財産になる。

③自学自習する力

家庭学習を徹底している自治体に，学力の高い傾向が出ているというデータがある。もちろん学力向上の要因はそれだけで単純に測れるものではないが，語彙力アップシートが学習習慣の定着に一役買うことは事実である。

また，家庭で語彙力アップシートに取り組む際に，保護者と一緒に例文を考えてくる子どもも少なくない。家庭での親子の会話に一役買っている側面もある。

国語や学習が苦手な生徒でも，語彙力アップシートは「やればできる」課題として取り組みやすい。毎週提出することが自信につながり，励みにしている生徒も多い。

(2) 語句選定の観点

1500語の内訳は下記のとおりである。P27からのワークシートでは，これらを1シートに15語ずつランダムに配置して，毎回多様で幅広い語句にふれることで，飽きることなく生徒の関心意欲が高まるように工夫した。

1500語は，教科書や高校入試でよく使われる語句・表現だけでなく，新聞に頻出するカタカナ語や文化庁が課題とする語句などから，タイムリーな選定も意識した。「教養」として10年後に必要となるであろう，中学生で知っておいてほしい語句である。

〈1500語の内訳〉

漢字の熟語	400語
四字熟語	100語
漢字以外の熟語	300語
慣用句・ことわざ	200語
その他	500語
（外来語・時事，伝統文化・古語，紛らわしい・間違えやすい語）	

(3) 教師に必要な語句へのアンテナ

本書で提案する1500語は，上記のような観点から厳選したものであるが，各学校の特色や実践のねらいにあわせて，語句を入れ替えて実施することもできる。例えば，地元の名産品，地域でよく使われる言葉（方言），校歌の歌詞，学校の標語，子どもたちがふだんよ

く使う言葉などを加えることで、興味関心をさらに引き出すことができるだろう。

　そのために、国語科の教員として日ごろから語句へのアンテナを高めておきたい。例えば「歌舞伎座が本日こけら落としです」とニュースが流れたら、「うちの生徒は『こけら落とし』を知ってるかな」と常に意識しておく。ふだん身近でない言葉に興味をもつことで、「こけらって屋根の木片のことなのか」と、教員自身も知る。また、そこから派生して、「奈落の底に落ちる」の奈落が、舞台装置であることも知る。このように教師自身が興味をもって知ったことは、子どもたちにも新鮮に伝えられる。歌舞伎座は中学生にとって身近でないかもしれないが、大人になって歌舞伎にふれたときに、「ああ、これがあの奈落なのか」などと関心をもてるような種を仕込みたい。

　ほかにも、「取り付く暇がない（正：取り付く島がない）」「的を得た（正：的を射た）」などは、大人でもよくある間違いである。このような言葉の違いも、中学生のうちに正しく把握させるようにしたい。

　ちなみに、「白羽の矢が立つ」はもともとは抜擢よりも生け贄の意味であったとか、「犬も歩けば棒に当たる」は不幸の出会いだけでなく幅広いチャンスに出会える意味であるとか、語彙に関するアンテナをはっておくことで、教養（雑学）も多く身につく。

　100円ショップは教材の宝庫だという小学校の先生がいるが、国語科の教員にとって、日常生活の言語活動はすべて教材である。「……というのがいまの現状です」と言うテレビのリポーターに「いまの現状か…」と突っ込みを入れ、街角の看板に「車は除行」とあれば、「徐行だよなあ」と問題意識をもつ。そんな感覚を大事に、生徒とともに、教員自身も語句へのアンテナを高めておきたい。

(4) 作文に見られる効果

　行事の感想文を書かせる学校は多いが、作文指導をしないで学級活動だけで書かせると、中学生でも時系列で出来事を羅列する生徒が少なくない。遠足なら「朝起きて、顔を洗って、空を見た。今日はいよいよ遠足だ。晴れてよかった。……とても疲れたけど楽しかった」というステレオタイプである。

　そこで、語彙力アップシートの取組みとともに、作文の書き出しを印象的に工夫することや、場面を絞って記述する工夫を指導していくと、表現力が格段にアップする。

　以下は、本校で実施した運動会の作文の変遷例である。同じ生徒の例ではないが、いずれも学年だよりに紹介された「選ばれた」作文である。1年次に次のような作文を書いていた学年の生徒たちが、3年生では多くの語彙を駆使して、それぞれの体験した世界を表現するようになっていることがわかる。

〈1年生のときの作文例〉

○中学に入学して初めての運動会。僕は全員リレーと学級対抗リレーに参加した。でも一番印象に残っているのがいかだ流しだ。
○小学校の時の運動会よりも中学校の運動会はすごいと思いました。特に3年生のおおむかでは感動しました。あんなに速く走れるなんてすごい。
○「よーいどん！」1，2，1，2でリズムを取るが転んでしまった。「がんばれ！」みんな声をかけてくれた。結果は3位だったけどいい思い出になりました。
○開会式が始まった。今こそ練習の成果を見せる時だ。ラジオ体操のあとはいよいよ80メートルハードルだ。僕の順番が回ってきた。

〈3年生のときの作文例（2年後）〉

○夏の匂いが充満していた。日焼け止めの匂いだ。まぶしく太陽を隠す雲一つない碧空が運動会を歓迎してくれた。これからどんなドラマがあるのか，結果がどうなるか誰も知らずに。
○真っ赤に腫れたのど。灼熱の肌。制汗剤のにおいが立ちこめる校庭。そこで僕たちは思い出を刻んだ。四週間ほど前，僕は応援団に立候補した。それから楽しくも辛い練習が始まった。僕は普段，人前にでることはないが，最後の運動会なので一念発起やってみることにした。
○運動会は不思議だ。最初はいきなり与えられた目標を一緒なようで一緒じゃない，まるで群れのような状態から優勝を目指す。時間が進んで群れは少しまとまるが，やはりバラバラだ。当日それが運動会の魔法にかかったように一つの生き物になる。運動会の毒気に侵されたように3つの群れに火がともる。

3 語彙力アップシートの使い方

(1) シートの使い方

シートには，3つの課題が設定されている。

①意味調べ

意味調べでは，先述のように，電子辞書やインターネットは使わず，紙の辞書をひかせる。

まず，それぞれの言葉が辞書の何ページに載っているかを，言葉の横にメモさせる。辞書をひくスピードをクラスで競わせると，生徒たちは意欲的に取り組む。早い生徒だと7分程度で15個すべてのページを書ける。

その後，それぞれの言葉の意味をシートに書かせる。複数の意味がある場合は，原則としていちばん始めの意味を書かせる。ただし，「くだんの内容」や「地理に明るい」など特殊な例の場合は，書く内容について教師が指示をする。

②例文づくり

例文は，辞書からのまる写しもOKとする。できるだけ自分たち中学生の日常生活の場面に当てはまる例文を選ぶように指示すると，行事作文などにも応用がしやすい。

語彙は使って初めて実になるものである。漢字同様，作文ですぐに使えるようにすることが大切である。

③複数の語を使った作文づくり

シートのいちばん下の欄は，オリジナルの作文である。ここでは，2つ以上の語彙を使って作文することがミソである。どの言葉とどの言葉を組み合わせて使おうかとイメージすることで，関連のなかった言葉と言葉がつながり，思考が広がっていく。馴れてくると，3つ，4つと言葉を盛り込む子どもも出てきて盛り上がる。言葉の使い方や内容に多少強引なところがあっても，目をつぶり，自由な作文づくりを奨励する。

(2) 授業の進め方

毎週初めの国語の授業で，新しいシートを配布する。

生徒たちは，前の週のシートを自主的に提出しにくる。

授業中に15分程度の時間を確保することもある。家庭学習がなかなか定着しない生徒は，このように授業中に取っかかりをつくると，残りをやり遂げてしまいたいという意欲につながる。「あ，この言葉知ってる！」と，どこの語彙から始めてもよい。

回収したシートは，教師が検印と評価をして返却する。評価は，国語科の「関心・意欲・態度」と「言葉の特徴やきまりに関する事項」の観点に照らして行い，フィードバックする。「先生，これ辞書に載ってなかった」と訴える子どもには，辞書のひき方を再確認する。

〈生徒の考えた例文集〉 ＊傍線部がシートにある語句（ただし，本書のシートとは異なるものもある）

○片思いの相手にあえなくふられた友達はどこ吹く風と気にしないと思いきや，「俺の人生はいばらの道だ」と殊の外落ち込んでいた。（3年女子）
○朝令暮改で有名なあの大臣がオリンピックについて根も葉もない生半可なことを言い取り消したが，世界でも群を抜くトップアスリートを訪ねたところ，寸分足りとも家には入れないと門前払いされた。（3年女子）
○彼がフィギュアを網羅するなんて日常茶飯事で，等身大の物を買ったこともあったが，それは若気の至りで，一度もお金の工面が出来なくなって，母親に完膚なきまで怒られてからコレクションをやめた。（3年女子）
○兄は会社の裏側を詮索し過ぎて解雇されて，仏頂面になる。（2年女子）
○旬の野菜を使った料理バトルに向けて自分のパートナーを数ヶ月前から青田買いする。（2年女子）
○自宅と目と鼻の先の所に柿がすずなりに赤い実をつけていた。（2年男子）
○ゲームで対戦し手に余って負けたが，友は「こんなの造作ないさ」と高笑いしてた。（2年女子）
○犯人が奇想天外なことをしそうなので警察はメディアに釘を刺す。（2年男子）
○初対面で意気投合した相手だったが，近頃はとんと疎遠になった。（2年女子）
○屈指の人間は出る杭は打たれるように憎まれやすい。（2年女子）
○有名な野球チームに若干17歳の選手が入団したが，練習がきつくて挫折した。（2年女子）
○年配の人が法外な値段で物を買わされているところを目の当たりにした。（2年男子）
○彼のキャリアのあらましを是非教えてくれるように頼んだらつまびらかに話してくれた。（2年女子）
○あの娘がみんなに疎外されたけれど，口火を切って「やめろ！」と言えずにほぞをかんだ。（2年女子）
○先生に当てられて分からないときは間髪を入れずにお茶を濁すか煙にまくことにしている。（2年男子）
○順風満帆な人生をこわしたくない彼は「犯人は僕じゃない。他人の空似だ」と居直った。（2年女子）
○故意でないとはいえ今回のミスで立つ瀬がなくてみんなに後ろ指さされても仕方ない。（2年男子）
○生徒を色眼鏡で見て一も二もなく悪口雑言をいう先生が後ろにいたとはうかつだった。（2年男子）
○ふざけていた彼も瞬時に襟を正し，立て板の水の如く仰々しく意見を述べた。（2年男子）

生徒には必ず自分の辞書を買わせ，教室に保管させる。小学生向けの辞書では載っていない語句もあるため，中学1年生段階で，中学・高校・大人向けの辞書の購入を保護者にお願いする。著者らの学校では，教室に3冊，各フロアの特別教室に40冊，辞書を確保し，忘れた子どもはそこから借りて辞書をひく。

(3) 意欲の高め方

生徒が提出したシートは1枚ごとに評価し，「やればできる」活動であることを伝え，達成感をもたせる。また，よくできた例文は，その場で紹介してほめる。さぼっていた生徒が何枚も一度に提出した場合も，がんばっていることを評価する。

返却したシートは生徒各自がファイルに保管し，だんだんとそれが厚みを増すことで成果が感じられるようにする。ファイルは定期的にチェックし，よくやっている子どもにはファイルにシールを貼る。

(4) 放課後補習会の手順

本校では，ひと月に1回のペースで，金曜日の放課後に国語の補習会を実施している。内容は，漢字学習，文法学習，名文暗唱（先述した言霊百選，P15参照），そして語彙力向上である。小学校漢字百題テスト（復習テスト）で合格しなかった生徒，文法がよくわからない生徒，名文暗唱の数が少ない生徒，語彙力アップシートが未提出の生徒に，教員が指名して声をかける。参加者は20名程度で，国語が苦手な者同士の連帯感からか，サボる子どもが皆無である。

近年では，国語の得意な子どもが「先生役」になり，わからない子どもに教える「教え合い」活動も実施している。学校全体では，3年生1人が1年生4人程度に勉強を教えるシステムも行っている。教えることで理解が深まる，このような流れの中で，学習はみんなで取り組むもの，みんなで学力向上という雰囲気が高まってきている。

(5) 語彙力アップと関連した取組み

①語彙を広げる

国語の授業では，1つの言葉を別の言葉で言い換えるように生徒に問いかける。例えば「『憤慨』を別の言葉に言い換えると何かな？」と発問する。「怒る」「憤る」「すごく怒る」など類義語に言い換えることで意味が定着するうえ，言い換えることによって語彙数が増加する。また，語彙力アップシートで学んだ言葉を実際に使う機会にもなる。

同様に，漢字から語彙を広げる学習も展開できる。

> 「生」という漢字で読み方の異なる言葉をできるだけたくさんあげなさい

（例：生きる，生まれる，人生，生真面目，生たまご，生憎，羽生，壬生，芝生，生

粋，生来など）

> 「ショウ」という漢字をできるだけたくさんあげ，その二字熟語を書きなさい

（例：小，省，商，賞，生，章，将，翔，少，庄，照，性，証，勝，荘，消　→　小人，省略，大賞，生涯，文章，飛翔，多少，性分，証明，勝利，荘園，消費など）
という課題をクラス対抗で行い，全員の知識を結集していちばん多く熟語をあげたクラスの優勝とする。

②作文につなげる

　新聞コラム（天声人語など）や中学生の全国作文コンクールの優秀作文を方眼ノートに書き写す活動をしている。書き写しの素材としては，分量や子どもの興味関心を考慮して，短編小説や歌詞を扱うこともある。名文をマネることで作文力が上がる。

　これを，自主学習ノートでの課題とし，年間3回，学期の最後に回収して点検する。シンプルな活動であるが，語彙力アップシートと同様に，やればできることであり，自信につながる。単語としての語彙が増え，単文がつくれるようになっても，作文へのハードルは高い。作文がずっと白紙だった子どもが，コラムの文章を真似ながら小論文を完成させた例もある。

③読書習慣を高める

　子どもたち全員で，1冊の本を読みきるという授業をしている。過去には，1年生で夏目漱石「坊っちゃん」，2年生で森鴎外「最後の一句」，3年生では遠藤周作「沈黙」を扱った。

　授業のプリントの裏に，本の一部を印刷しておき，5分間読書させたあと，質問タイムでわからない語句と読めない漢字を言わせる。「憤慨ってなんですか」「鈍行列車ってどんな電車ですか」「一途ってなんて読むのですか」「アンペアって」などと，教材研究に気が抜けない質問も出る。定期テストにも出題して意識を高める。

　ちなみに，本学区域周辺には明治の文人ゆかりの地が数多く，井伏鱒二の邸宅や太宰治の下宿，与謝野晶子と鉄幹の屋敷など，枚挙にいとまがない。将来的には「山椒魚」や「人間失格」，「みだれ髪」なども課題図書で読ませたい。

④音で言葉に触れる

　P15でも紹介した，「言霊百選」という取組みでは，3年間で100個の名文暗唱を行っている。例えば，「いろは歌」「十二支」「春の七草」「方丈記」「平家物語」「坊っちゃん」「おくの細道」「白波五人男」「南禅寺山門」などである。

　短文の中には，十干，十二支のように短いものもあるが，「おくの細道」の冒頭（約260字）のように長いものもある。覚えた文を教員の前で暗唱できると，子どもは確認シートに認印を押してもらうことができる。国語科だけでなく，校内のすべての先生，地域の方，学校支援本部の方々など，全校体制で行っている取組みである。

1年間に33個，3年間で99個を覚えた子どもは，最後に自分が選んだ1つを暗唱してこの活動はゴールする。

⑤人間関係につながる言葉
　自分の短所を長所に言い換えてもらう「みんなでリフレーミング」というエクササイズがある。この実践を通じて，本校では，特別支援を要する子どもに対する見方・考え方が変わってきた。これまでと同じ行動があっても，その子どもを否定的でネガティブな視点でとらえることが減り，ポジティブシンキングが定着してきている。このような見方が波及することで，どの子どもにとっても安心できる居心地のよいクラスづくりにつながっている。

〈リフレーミングの例（エンカウンター事典より）〉

飽きっぽい →	好奇心旺盛
あわてんぼ →	行動的な
いいかげん →	おおらかな
意見が言えない →	協調性がある・思慮深い
うるさい →	明るい・活発・元気がいい
怒りっぽい →	感受性豊か
おとなしい →	穏やか・沈着冷静

　これは生徒に限ったことではない。私たち教員は，上級学校へ提出する調査書で，やんちゃな生徒には「明朗活発」，静かな生徒には「沈着冷静」と記入する。教員は生徒の不利益になるような言葉は使いたくない。教員自身も語彙力アップを意識したいものだ。

語彙力アップシート ①〜⑩⑩

1. その言葉が辞書の何ページに載っているかを，言葉の横にメモしよう。
2. 言葉の意味をシートに書こう。
3. その言葉を使った例文を書こう。
4. 最後に，2つ以上の言葉を使って文をつくろう。

＊シートは拡大コピーでＡ４判にして配布するのがオススメ。
＊週に1シート。3年かけて100シート。

Vocabulary Sheet ①

年　組　番
名前

No	言葉	言葉の意味を辞書で調べて例文をつくろう！	
1	こけら落とし	意味	
		例文	
2	礎（いしずえ）	意味	
		例文	
3	未曾有（みぞう）	意味	
		例文	
4	うかつ	意味	
		例文	
5	濡れ手に粟（ぬれてにあわ）	意味	
		例文	
6	危機一髪（ききいっぱつ）	意味	
		例文	
7	凛とした（りん）	意味	
		例文	
8	倫理（りんり）	意味	
		例文	
9	あやし（古語）	意味	
		例文	
10	ルーティン	意味	
		例文	
11	仏頂面（ぶっちょうづら）	意味	
		例文	
12	労る（いたわ）	意味	
		例文	
13	コロンブスの卵（たまご）	意味	
		例文	
14	向こう三軒両隣（むこうさんげんりょうどなり）	意味	
		例文	
15	市井（しせい）	意味	
		例文	

Try! 上の言葉を自由に2つ以上使って，一文をつくりなさい。

Vocabulary Sheet ②

年　組　番
名前

No	言葉	言葉の意味を辞書で調べて例文をつくろう！	
16	あからさま	意味	
		例文	
17	わびさび	意味	
		例文	
18	光陰（こういん）	意味	
		例文	
19	猫に小判（ねこにこばん）	意味	
		例文	
20	徒労（とろう）	意味	
		例文	
21	横やりを入れる（よこやりをいれる）	意味	
		例文	
22	よこしま	意味	
		例文	
23	ステータス	意味	
		例文	
24	余韻（よいん）	意味	
		例文	
25	予め（あらかじめ）	意味	
		例文	
26	圧巻（あっかん）	意味	
		例文	
27	バリアフリー	意味	
		例文	
28	たてまえ	意味	
		例文	
29	面目躍如（めんもくやくじょ）	意味	
		例文	
30	逆鱗に触れる（げきりんにふれる）	意味	
		例文	

Try! 上の言葉を自由に２つ以上使って，一文をつくりなさい。

Vocabulary Sheet ③

年　　組　　番　　名前

No	言葉		
			言葉の意味を辞書で調べて例文をつくろう！
31	二転三転（にてんさんてん）	意味	
		例文	
32	正念場（しょうねんば）	意味	
		例文	
33	一入（ひとしお）	意味	
		例文	
34	集大成（しゅうたいせい）	意味	
		例文	
35	かげり	意味	
		例文	
36	無垢（むく）	意味	
		例文	
37	桃栗三年柿八年（ももくりさんねんかきはちねん）	意味	
		例文	
38	エピソード	意味	
		例文	
39	まれ	意味	
		例文	
40	あやふや	意味	
		例文	
41	狼狽（ろうばい）	意味	
		例文	
42	采配を振る（さいはいをふる）	意味	
		例文	
43	確執（かくしつ）	意味	
		例文	
44	外様（とざま）	意味	
		例文	
45	致し方ない（いたしかたない）	意味	
		例文	

 Try!　上の言葉を自由に２つ以上使って，一文をつくりなさい。

Vocabulary Sheet ④

年　組　番
名前

No	言葉		言葉の意味を辞書で調べて例文をつくろう！
46	リアル	意味	
		例文	
47	えてして	意味	
		例文	
48	役不足（やくぶそく）	意味	
		例文	
49	命題（めいだい）	意味	
		例文	
50	天高く馬肥ゆる秋（てんたかくうまこゆるあき）	意味	
		例文	
51	旬（しゅん）	意味	
		例文	
52	ＩＰＳ細胞（アイピーエスさいぼう）	意味	
		例文	
53	非凡（ひぼん）	意味	
		例文	
54	やぶさかでない	意味	
		例文	
55	風花（かざばな）	意味	
		例文	
56	うだつがあがらない	意味	
		例文	
57	境内（けいだい）	意味	
		例文	
58	割愛する（かつあいする）	意味	
		例文	
59	つれない	意味	
		例文	
60	順風満帆（じゅんぷうまんぱん）	意味	
		例文	

Try! 上の言葉を自由に２つ以上使って，一文をつくりなさい。

Vocabulary Sheet ⑤

年　　組　　番
名前

No	言葉	言葉の意味を辞書で調べて例文をつくろう！	
61	後釜(あとがま)	意味	
		例文	
62	マス・メディア	意味	
		例文	
63	無頓着(むとんちゃく)	意味	
		例文	
64	肝(きも)を冷(ひ)やす	意味	
		例文	
65	虫(むし)が好(す)かない	意味	
		例文	
66	人(ひと)いきれ	意味	
		例文	
67	彫(ほ)る	意味	
		例文	
68	三寒四温(さんかんしおん)	意味	
		例文	
69	インパクト	意味	
		例文	
70	潜伏(せんぷく)	意味	
		例文	
71	首(くび)をかしげる	意味	
		例文	
72	いきおい	意味	
		例文	
73	早乙女(さおとめ)	意味	
		例文	
74	葛藤(かっとう)	意味	
		例文	
75	汚名(おめい)をそそぐ	意味	
		例文	

Try! 上の言葉を自由に2つ以上使って，一文をつくりなさい。

Vocabulary Sheet ⑥

年　　組　　番　　名前

No	言葉		言葉の意味を辞書で調べて例文をつくろう！
76	豹変(ひょうへん)する	意味	
		例文	
77	円滑(えんかつ)	意味	
		例文	
78	メソッド	意味	
		例文	
79	軒並(のきな)み	意味	
		例文	
80	手(て)をこまぬく	意味	
		例文	
81	言質(げんち)をとる	意味	
		例文	
82	雪月花(せつげっか)	意味	
		例文	
83	還暦(かんれき)	意味	
		例文	
84	油(あぶら)を売(う)る	意味	
		例文	
85	やきもき	意味	
		例文	
86	矛先(ほこさき)	意味	
		例文	
87	一触即発(いっしょくそくはつ)	意味	
		例文	
88	通年(つうねん)	意味	
		例文	
89	他人事(たにんごと)	意味	
		例文	
90	恐(おそ)れ多(おお)い	意味	
		例文	

Try! 上の言葉を自由に２つ以上使って，一文をつくりなさい。

Vocabulary Sheet ⑦

年　　組　　番　名前

No	言葉		言葉の意味を辞書で調べて例文をつくろう！
91	件（くだん）	意味	
		例文	
92	空（あ）ける	意味	
		例文	
93	搾取（さくしゅ）	意味	
		例文	
94	全身全霊（ぜんしんぜんれい）	意味	
		例文	
95	一国一城の主（いっこくいちじょうのあるじ）	意味	
		例文	
96	高嶺の花（たかねのはな）	意味	
		例文	
97	追求（ついきゅう）	意味	
		例文	
98	追及（ついきゅう）	意味	
		例文	
99	追究（ついきゅう）	意味	
		例文	
100	コミュニケーション	意味	
		例文	
101	面持ち（おももち）	意味	
		例文	
102	介在（かいざい）	意味	
		例文	
103	しこり	意味	
		例文	
104	犬も歩けば棒に当たる（いぬもあるけばぼうにあたる）	意味	
		例文	
105	山笑う（やまわらう）	意味	
		例文	

Try! 上の言葉を自由に２つ以上使って，一文をつくりなさい。

Vocabulary Sheet ⑧

年　　組　　番
名前

No	言葉		
106	夜のしじま	意味	
		例文	
107	隠喩	意味	
		例文	
108	以外	意味	
		例文	
109	意外	意味	
		例文	
110	ネガティブ	意味	
		例文	
111	秩序	意味	
		例文	
112	なけなし	意味	
		例文	
113	カテゴリー	意味	
		例文	
114	お門違い	意味	
		例文	
115	見立て	意味	
		例文	
116	つかまつる	意味	
		例文	
117	かぶりを振る	意味	
		例文	
118	本領	意味	
		例文	
119	本末転倒	意味	
		例文	
120	呼応	意味	
		例文	

Try! 上の言葉を自由に２つ以上使って，一文をつくりなさい。

Vocabulary Sheet ⑨

年　　組　　番　名前

No	言葉		言葉の意味を辞書で調べて例文をつくろう！
121	単刀直入（たんとうちょくにゅう）	意味	
		例文	
122	草分け（くさわけ）	意味	
		例文	
123	曙（あけぼの）	意味	
		例文	
124	自尊心（じそんしん）	意味	
		例文	
125	八十八夜（はちじゅうはちや）	意味	
		例文	
126	白日（はくじつ）	意味	
		例文	
127	間が持てない（ま　も）	意味	
		例文	
128	省みる（かえり）	意味	
		例文	
129	顧みる（かえり）	意味	
		例文	
130	あげ足をとる（あし）	意味	
		例文	
131	まぎれもない	意味	
		例文	
132	往来（おうらい）	意味	
		例文	
133	絆（きずな）	意味	
		例文	
134	プロセス	意味	
		例文	
135	いとまごい	意味	
		例文	

Try! 上の言葉を自由に２つ以上使って，一文をつくりなさい。

Vocabulary Sheet ⑩

年　　組　　番　　名前

No	言葉		言葉の意味を辞書で調べて例文をつくろう！
136	甲斐性（かいしょう）	意味	
		例文	
137	質す（ただす）	意味	
		例文	
138	気が置けない（き）	意味	
		例文	
139	ウイット	意味	
		例文	
140	腐心（ふしん）	意味	
		例文	
141	ほくそ笑む（え）	意味	
		例文	
142	合いの手を入れる（あ・て・い）	意味	
		例文	
143	松竹梅（しょうちくばい）	意味	
		例文	
144	腹いせ（はら）	意味	
		例文	
145	我田引水（がでんいんすい）	意味	
		例文	
146	刹那（せつな）	意味	
		例文	
147	てんやわんや	意味	
		例文	
148	疎い（うとい）	意味	
		例文	
149	要（かなめ）	意味	
		例文	
150	三十一文字（みそひともじ）	意味	
		例文	

Try! 上の言葉を自由に２つ以上使って，一文をつくりなさい。

Vocabulary Sheet ⑪

年　組　番　名前

No	言葉		
			言葉の意味を辞書で調べて例文をつくろう！
151	類は友を呼ぶ（るいはともをよぶ）	意味	
		例文	
152	御の字（おんのじ）	意味	
		例文	
153	妥協案（だきょうあん）	意味	
		例文	
154	JAICA（ジャイカ）	意味	
		例文	
155	安穏（あんのん）	意味	
		例文	
156	あかつき（古語）	意味	
		例文	
157	めりはり	意味	
		例文	
158	もののふ	意味	
		例文	
159	一富士二鷹三茄子（いちふじにたかさんなすび）	意味	
		例文	
160	強ち（あながち）	意味	
		例文	
161	序の口（じょのくち）	意味	
		例文	
162	野暮（やぼ）	意味	
		例文	
163	空前絶後（くうぜんぜつご）	意味	
		例文	
164	核（かく）	意味	
		例文	
165	モラトリアム	意味	
		例文	

Try! 上の言葉を自由に2つ以上使って，一文をつくりなさい。

Vocabulary Sheet ⑫

年　組　番
名前

No	言葉		言葉の意味を辞書で調べて例文をつくろう！
166	白羽の矢が立つ（しらはのやがたつ）	意味	
		例文	
167	公私（こうし）	意味	
		例文	
168	たてまつる	意味	
		例文	
169	ＡＳＥＡＮ（アセアン）	意味	
		例文	
170	七転八倒（しちてんばっとう）	意味	
		例文	
171	目下（もっか）	意味	
		例文	
172	つかぬこと	意味	
		例文	
173	当事者（とうじしゃ）	意味	
		例文	
174	被る（こうむる）	意味	
		例文	
175	耳をそろえる（みみをそろえる）	意味	
		例文	
176	あいづち	意味	
		例文	
177	レトロ	意味	
		例文	
178	仮説（かせつ）	意味	
		例文	
179	敷居が高い（しきいがたかい）	意味	
		例文	
180	物々しい（ものものしい）	意味	
		例文	

Try! 上の言葉を自由に２つ以上使って，一文をつくりなさい。

Vocabulary Sheet ⑬

年　　組　　番
名前

No	言葉		言葉の意味を辞書で調べて例文をつくろう！
181	必(かなら)ずしも	意味	
		例文	
182	あてがいぶち	意味	
		例文	
183	意図(いと)	意味	
		例文	
184	目端(めはし)が利(き)く	意味	
		例文	
185	隣(となり)の芝生(しばふ)は青(あお)い	意味	
		例文	
186	一筋縄(ひとすじなわ)	意味	
		例文	
187	あごで使(つか)う	意味	
		例文	
188	他意(たい)	意味	
		例文	
189	弁慶(べんけい)の泣(な)き所(どころ)	意味	
		例文	
190	敬虔(けいけん)	意味	
		例文	
191	面目(めんぼく)ない	意味	
		例文	
192	流動的(りゅうどうてき)	意味	
		例文	
193	ユーロ	意味	
		例文	
194	おののく	意味	
		例文	
195	絶体絶命(ぜったいぜつめい)	意味	
		例文	

Try! 上の言葉を自由に２つ以上使って，一文をつくりなさい。

Vocabulary Sheet ⑭

年　　組　　番
名前

No	言葉	意味/例文	言葉の意味を辞書で調べて例文をつくろう！
196	遂行(すいこう)	意味	
		例文	
197	うつくし（古語(こご)）	意味	
		例文	
198	誇張(こちょう)	意味	
		例文	
199	的(まと)を射(い)る	意味	
		例文	
200	ぶしつけ	意味	
		例文	
201	うっとうしい	意味	
		例文	
202	異口同音(いくどうおん)	意味	
		例文	
203	ＡＥＤ(エーイーディー)	意味	
		例文	
204	売(う)り言葉(ことば)に買(か)い言葉(ことば)	意味	
		例文	
205	コンプライアンス	意味	
		例文	
206	過言(かごん)ではない	意味	
		例文	
207	勿体(もったい)ない	意味	
		例文	
208	反骨(はんこつ)	意味	
		例文	
209	戒(いまし)め	意味	
		例文	
210	抑圧(よくあつ)	意味	
		例文	

Try! 上の言葉を自由に２つ以上使って，一文をつくりなさい。

Vocabulary Sheet 15

年　　組　　番　名前

No	言葉		
211	破天荒（はてんこう）	意味	
		例文	
212	格子（こうし）	意味	
		例文	
213	けんけんごうごう	意味	
		例文	
214	屈指（くっし）	意味	
		例文	
215	雰囲気（ふんいき）	意味	
		例文	
216	理不尽（りふじん）	意味	
		例文	
217	漁夫の利（ぎょふのり）	意味	
		例文	
218	ハザードマップ	意味	
		例文	
219	煮え湯を飲まされる（にゆの）	意味	
		例文	
220	往々にして（おうおう）	意味	
		例文	
221	弾劾（だんがい）	意味	
		例文	
222	御しやすい（ぎょ）	意味	
		例文	
223	趣（おもむき）	意味	
		例文	
224	晴耕雨読（せいこううどく）	意味	
		例文	
225	まほろば（古語）（こご）	意味	
		例文	

Try!　上の言葉を自由に2つ以上使って、一文をつくりなさい。

Vocabulary Sheet ⑯

年　　組　　番　名前

No	言葉		言葉の意味を辞書で調べて例文をつくろう！
226	目白押し（めじろおし）	意味	
		例文	
227	風上にも置けない（かざかみにもおけない）	意味	
		例文	
228	漸く（ようやく）	意味	
		例文	
229	取りざた（とりざた）	意味	
		例文	
230	反故（ほご）	意味	
		例文	
231	傍若無人（ぼうじゃくぶじん）	意味	
		例文	
232	瓢箪から駒（ひょうたんからこま）	意味	
		例文	
233	流鏑馬（やぶさめ）	意味	
		例文	
234	暗黙の了解（あんもくのりょうかい）	意味	
		例文	
235	些か（いささか）	意味	
		例文	
236	OECD（オーイーシーディー）	意味	
		例文	
237	かぎろひ（古語）	意味	
		例文	
238	コミット	意味	
		例文	
239	先駆け（さきがけ）	意味	
		例文	
240	愛憎（あいぞう）	意味	
		例文	

Try! 上の言葉を自由に２つ以上使って，一文をつくりなさい。

Vocabulary Sheet 17

年　　組　　番　名前

No	言葉		言葉の意味を辞書で調べて例文をつくろう！
241	大和撫子（やまとなでしこ）	意味	
		例文	
242	帰属（きぞく）	意味	
		例文	
243	白熱（はくねつ）	意味	
		例文	
244	修羅場（しゅらば）	意味	
		例文	
245	引く手あまた（ひくて）	意味	
		例文	
246	PKO（ピーケーオー）	意味	
		例文	
247	地獄耳（じごくみみ）	意味	
		例文	
248	狐の嫁入り（きつねのよめいり）	意味	
		例文	
249	高をくくる（たか）	意味	
		例文	
250	猶予（ゆうよ）	意味	
		例文	
251	あぶはち取らず（と）	意味	
		例文	
252	案の定（あんのじょう）	意味	
		例文	
253	アクセス	意味	
		例文	
254	生業（なりわい）	意味	
		例文	
255	百花繚乱（ひゃっかりょうらん）	意味	
		例文	

Try! 上の言葉を自由に２つ以上使って、一文をつくりなさい。

Vocabulary Sheet ⑱

年　組　番
名前

No	言葉		言葉の意味を辞書で調べて例文をつくろう！
256	老若男女（ろうにゃくなんにょ）	意味	
		例文	
257	見かけ倒し（みかけだおし）	意味	
		例文	
258	醍醐味（だいごみ）	意味	
		例文	
259	ぬか喜び（ぬかよろこび）	意味	
		例文	
260	とらぬたぬきの皮算用（かわざんよう）	意味	
		例文	
261	お神酒（おみき）	意味	
		例文	
262	翻弄（ほんろう）	意味	
		例文	
263	釈然（しゃくぜん）	意味	
		例文	
264	セオリー	意味	
		例文	
265	あげくの果て（はて）	意味	
		例文	
266	石の上にも三年（いしのうえにもさんねん）	意味	
		例文	
267	佳境（かきょう）	意味	
		例文	
268	木で鼻をくくる（きではなをくくる）	意味	
		例文	
269	有頂天（うちょうてん）	意味	
		例文	
270	五月雨（さみだれ）	意味	
		例文	

Try! 上の言葉を自由に2つ以上使って，一文をつくりなさい。

Vocabulary Sheet ⑲

年　組　番　名前

No	言葉		言葉の意味を辞書で調べて例文をつくろう！
271	伺う（うかが）	意味	
		例文	
272	陳腐（ちんぷ）	意味	
		例文	
273	はなむけ	意味	
		例文	
274	火ぶたを切る（ひ・き）	意味	
		例文	
275	分別（ふんべつ）	意味	
		例文	
276	メッカ	意味	
		例文	
277	ことさら	意味	
		例文	
278	誤る（あやま）	意味	
		例文	
279	謝る（あやま）	意味	
		例文	
280	言わずもがな（い）	意味	
		例文	
281	一を聞いて十を知る（いち・き・じゅう・し）	意味	
		例文	
282	挫折（ざせつ）	意味	
		例文	
283	自由奔放（じゆうほんぼう）	意味	
		例文	
284	時雨（しぐれ）	意味	
		例文	
285	抑揚（よくよう）	意味	
		例文	

Try! 上の言葉を自由に２つ以上使って，一文をつくりなさい。

Vocabulary Sheet ⑳

年　組　番　名前

No	言葉		言葉の意味を辞書で調べて例文をつくろう！
286	意義（いぎ）	意味	
		例文	
287	引導（いんどう）を渡（わた）す	意味	
		例文	
288	去就（きょしゅう）	意味	
		例文	
289	ぎごちない	意味	
		例文	
290	流布（るふ）	意味	
		例文	
291	らちがあかない	意味	
		例文	
292	二束三文（にそくさんもん）	意味	
		例文	
293	犯（おか）す	意味	
		例文	
294	冒（おか）す	意味	
		例文	
295	侵（おか）す	意味	
		例文	
296	ボイコット	意味	
		例文	
297	確立（かくりつ）	意味	
		例文	
298	担保（たんぽ）する	意味	
		例文	
299	NPO（エヌピーオー）	意味	
		例文	
300	待（ま）てば海路（かいろ）の日和（ひより）あり	意味	
		例文	

Try! 上の言葉を自由に2つ以上使って，一文をつくりなさい。

Vocabulary Sheet ㉑

年　　組　　番
名前

No	言葉	言葉の意味を辞書で調べて例文をつくろう！	
301	融通（ゆうずう）	意味	
		例文	
302	けげん	意味	
		例文	
303	エコロジー	意味	
		例文	
304	根拠（こんきょ）	意味	
		例文	
305	不器用（ぶきよう）	意味	
		例文	
306	ゆめゆめ	意味	
		例文	
307	自画自賛（じがじさん）	意味	
		例文	
308	目が高い（めがたかい）	意味	
		例文	
309	奇特（きとく）	意味	
		例文	
310	弱冠（じゃっかん）	意味	
		例文	
311	通り雨（とおあめ）	意味	
		例文	
312	先入観（せんにゅうかん）	意味	
		例文	
313	折り紙付き（おりがみつき）	意味	
		例文	
314	弁える（わきまえる）	意味	
		例文	
315	あわよくば	意味	
		例文	

 上の言葉を自由に２つ以上使って，一文をつくりなさい。

Vocabulary Sheet ㉒

年　　組　　番
名前

No	言葉		言葉の意味を辞書で調べて例文をつくろう！
316	オノマトペ	意味	
		例文	
317	旨（むね）	意味	
		例文	
318	急（いそ）がば回（まわ）れ	意味	
		例文	
319	眉（まゆ）をひそめる	意味	
		例文	
320	中座（ちゅうざ）	意味	
		例文	
321	声（こえ）をあららげる	意味	
		例文	
322	小春日和（こはるびより）	意味	
		例文	
323	そぶり	意味	
		例文	
324	守銭奴（しゅせんど）	意味	
		例文	
325	叡智（えいち）	意味	
		例文	
326	おもねる	意味	
		例文	
327	看過（かんか）	意味	
		例文	
328	桃源郷（とうげんきょう）	意味	
		例文	
329	やおら	意味	
		例文	
330	渡（わた）りに舟（ふね）	意味	
		例文	

 Try! 上の言葉を自由に２つ以上使って，一文をつくりなさい。

Vocabulary Sheet 23

No	言葉	意味 / 例文
331	捗る（はかど）	意味 / 例文
332	思慮分別（しりょふんべつ）	意味 / 例文
333	つるべ落とし（お）	意味 / 例文
334	冥利（みょうり）	意味 / 例文
335	キャリア	意味 / 例文
336	片棒をかつぐ（かたぼう）	意味 / 例文
337	野立（のだて）	意味 / 例文
338	さぞ	意味 / 例文
339	媒体（ばいたい）	意味 / 例文
340	充てる（あ）	意味 / 例文
341	機微（きび）	意味 / 例文
342	お鉢が回る（はち・まわ）	意味 / 例文
343	身より（み）	意味 / 例文
344	やぶへび	意味 / 例文
345	悪循環（あくじゅんかん）	意味 / 例文

Try! 上の言葉を自由に2つ以上使って，一文をつくりなさい。

Vocabulary Sheet 24

年　　組　　番　　名前

No	言葉	言葉の意味を辞書で調べて例文をつくろう！	
346	一刻千金（いっこくせんきん）	意味	
		例文	
347	持論（じろん）	意味	
		例文	
348	氷雨（ひさめ）	意味	
		例文	
349	否（いな）	意味	
		例文	
350	悪（あ）しからず	意味	
		例文	
351	天網恢々疎にして漏らさず（てんもうかいかいそにしてもらさず）	意味	
		例文	
352	したたかに	意味	
		例文	
353	リサイクル	意味	
		例文	
354	リユース	意味	
		例文	
355	感化（かんか）	意味	
		例文	
356	七五三（しちごさん）	意味	
		例文	
357	無骨（ぶこつ）	意味	
		例文	
358	もっけの幸（さいわ）い	意味	
		例文	
359	油断大敵（ゆだんたいてき）	意味	
		例文	
360	情（なさ）けは人（ひと）のためならず	意味	
		例文	

Try! 上の言葉を自由に2つ以上使って，一文をつくりなさい。

Vocabulary Sheet ㉕

年　　組　　番
名前

No	言葉	言葉の意味を辞書で調べて例文をつくろう！	
361	ジャンル	意味	
		例文	
362	左遷(させん)	意味	
		例文	
363	水(みず)をあける	意味	
		例文	
364	舟(ふね)を刻(きざ)みて剣(けん)を求(もと)む	意味	
		例文	
365	吹聴(ふいちょう)	意味	
		例文	
366	特長(とくちょう)	意味	
		例文	
367	津々浦々(つつうらうら)	意味	
		例文	
368	助太刀(すけだち)	意味	
		例文	
369	きゃしゃな	意味	
		例文	
370	一堂(いちどう)に会(かい)する	意味	
		例文	
371	皆目(かいもく)	意味	
		例文	
372	うとんじる	意味	
		例文	
373	ありがたし（古語(こご)）	意味	
		例文	
374	雨後(うご)の竹(たけ)の子(こ)	意味	
		例文	
375	横行(おうこう)	意味	
		例文	

Try! 上の言葉を自由に２つ以上使って，一文をつくりなさい。

Vocabulary Sheet ㉖

No	言葉		言葉の意味を辞書で調べて例文をつくろう！
376	堂々巡（どうどうめぐ）り	意味	
		例文	
377	卑下（ひげ）	意味	
		例文	
378	アプローチ	意味	
		例文	
379	冠婚葬祭（かんこんそうさい）	意味	
		例文	
380	朝三暮四（ちょうさんぼし）	意味	
		例文	
381	下克上（げこくじょう）	意味	
		例文	
382	数奇（すうき）	意味	
		例文	
383	黄泉（よみ）	意味	
		例文	
384	金字塔（きんじとう）	意味	
		例文	
385	しんがり	意味	
		例文	
386	足袋（たび）	意味	
		例文	
387	曰（いわ）くつき	意味	
		例文	
388	鈍（なまく）ら	意味	
		例文	
389	臨床（りんしょう）	意味	
		例文	
390	足（あし）が出（で）る	意味	
		例文	

Try! 上の言葉を自由に２つ以上使って，一文をつくりなさい。

Vocabulary Sheet 27

年　　組　　番　　名前

No	言葉		言葉の意味を辞書で調べて例文をつくろう！
391	大義名分（たいぎめいぶん）	意味	
		例文	
392	生憎（あいにく）	意味	
		例文	
393	安否（あんぴ）	意味	
		例文	
394	素敵（すてき）	意味	
		例文	
395	画期的（かっきてき）	意味	
		例文	
396	フォーラム	意味	
		例文	
397	号泣（ごうきゅう）	意味	
		例文	
398	雑魚寝（ざこね）	意味	
		例文	
399	蜃気楼（しんきろう）	意味	
		例文	
400	巡礼（じゅんれい）	意味	
		例文	
401	にべもなく	意味	
		例文	
402	なほ（古語）	意味	
		例文	
403	一寸の虫にも五分の魂（いっすんのむしにもごぶのたましい）	意味	
		例文	
404	うんともすんとも	意味	
		例文	
405	凌駕（りょうが）	意味	
		例文	

Try! 上の言葉を自由に2つ以上使って，一文をつくりなさい。

Vocabulary Sheet ㉘

年　　組　　番
名前

No	言葉		言葉の意味を辞書で調べて例文をつくろう！
406	青天(せいてん)のへきれき	意味	
		例文	
407	検証(けんしょう)	意味	
		例文	
408	やむを得(え)ず	意味	
		例文	
409	石橋(いしばし)をたたいて渡(わた)る	意味	
		例文	
410	不可欠(ふかけつ)	意味	
		例文	
411	どぎまぎ	意味	
		例文	
412	はびこる	意味	
		例文	
413	オリジナル	意味	
		例文	
414	危惧(きぐ)	意味	
		例文	
415	言葉尻(ことばじり)	意味	
		例文	
416	折(お)り入(い)って	意味	
		例文	
417	意味深長(いみしんちょう)	意味	
		例文	
418	東風(こち)	意味	
		例文	
419	善後策(ぜんごさく)	意味	
		例文	
420	しいたげる	意味	
		例文	

Try! 上の言葉を自由に２つ以上使って，一文をつくりなさい。

Vocabulary Sheet 29

年　　組　　番
名前

No	言葉		言葉の意味を辞書で調べて例文をつくろう！
421	春一番（はるいちばん）	意味	
		例文	
422	一目瞭然（いちもくりょうぜん）	意味	
		例文	
423	年俸（ねんぼう）	意味	
		例文	
424	概念（がいねん）	意味	
		例文	
425	いそいそ	意味	
		例文	
426	無二（むに）	意味	
		例文	
427	めっきり	意味	
		例文	
428	改心（かいしん）	意味	
		例文	
429	手前みそ（てまえ）	意味	
		例文	
430	促進（そくしん）	意味	
		例文	
431	郷に入っては郷に従え（ごうい／ごうしたが）	意味	
		例文	
432	うなぎ登り（のぼ）	意味	
		例文	
433	君臨（くんりん）	意味	
		例文	
434	音頭をとる（おんど）	意味	
		例文	
435	コンスタント	意味	
		例文	

Try! 上の言葉を自由に2つ以上使って，一文をつくりなさい。

Vocabulary Sheet ㉚

年　組　番　名前

No	言葉		言葉の意味を辞書で調べて例文をつくろう！
436	ミクロ	意味	
		例文	
437	とみに	意味	
		例文	
438	媒介(ばいかい)	意味	
		例文	
439	鶴(つる)の一声(ひとこえ)	意味	
		例文	
440	辛(から)くも	意味	
		例文	
441	世襲(せしゅう)	意味	
		例文	
442	無礼講(ぶれいこう)	意味	
		例文	
443	一矢(いっし)	意味	
		例文	
444	努(つと)める	意味	
		例文	
445	務(つと)める	意味	
		例文	
446	うの目(め)たかの目(め)	意味	
		例文	
447	玉石混交(ぎょくせきこんこう)	意味	
		例文	
448	EU(イーユー)	意味	
		例文	
449	厳(おごそ)か	意味	
		例文	
450	傷(いた)む	意味	
		例文	

 Try! 上の言葉を自由に2つ以上使って，一文をつくりなさい。

Vocabulary Sheet ㉛

年　　組　　番
名前

No	言葉		言葉の意味を辞書で調べて例文をつくろう！
451	花冷え（はなびえ）	意味	
		例文	
452	老婆心（ろうばしん）	意味	
		例文	
453	新規蒔き直し（しんきまきなおし）	意味	
		例文	
454	トラウマ	意味	
		例文	
455	挙動（きょどう）	意味	
		例文	
456	そぐわない	意味	
		例文	
457	良薬は口に苦し（りょうやくはくちににがし）	意味	
		例文	
458	中傷（ちゅうしょう）	意味	
		例文	
459	不撓不屈（ふとうふくつ）	意味	
		例文	
460	わろし（古語）（こご）	意味	
		例文	
461	あにはからんや	意味	
		例文	
462	分相応（ぶんそうおう）	意味	
		例文	
463	宵の口（よいのくち）	意味	
		例文	
464	提唱（ていしょう）	意味	
		例文	
465	おぜん立て（おぜんだて）	意味	
		例文	

Try! 上の言葉を自由に２つ以上使って，一文をつくりなさい。

Vocabulary Sheet 32

年　組　番
名前

No	言葉		意味を辞書で調べて例文をつくろう！
466	往年（おうねん）	意味	
		例文	
467	厚顔無恥（こうがんむち）	意味	
		例文	
468	雅（みやび）	意味	
		例文	
469	中枢（ちゅうすう）	意味	
		例文	
470	すずなり	意味	
		例文	
471	批准（ひじゅん）	意味	
		例文	
472	偏見（へんけん）	意味	
		例文	
473	馬脚（ばきゃく）をあらわす	意味	
		例文	
474	粗品（そしな）	意味	
		例文	
475	人心地（ひとごこち）がつく	意味	
		例文	
476	青息吐息（あおいきといき）	意味	
		例文	
477	勝てば官軍（かてばかんぐん）	意味	
		例文	
478	慈（いつく）しむ	意味	
		例文	
479	ポリシー	意味	
		例文	
480	試金石（しきんせき）	意味	
		例文	

Try! 上の言葉を自由に２つ以上使って，一文をつくりなさい。

Vocabulary Sheet 33

No	言葉	言葉の意味を辞書で調べて例文をつくろう！
481	君子危うきに近寄らず	意味 / 例文
482	スキル	意味 / 例文
483	登竜門	意味 / 例文
484	苦肉の策	意味 / 例文
485	かしこ	意味 / 例文
486	真摯	意味 / 例文
487	しのつく雨	意味 / 例文
488	更迭	意味 / 例文
489	伊達	意味 / 例文
490	つっけんどん	意味 / 例文
491	貪欲	意味 / 例文
492	朱に交われば赤くなる	意味 / 例文
493	武勇伝	意味 / 例文
494	試行錯誤	意味 / 例文
495	追い討ち	意味 / 例文

Try! 上の言葉を自由に2つ以上使って，一文をつくりなさい。

Vocabulary Sheet ㉞

No	言葉	言葉の意味を辞書で調べて例文をつくろう！
496	つとめて（古語）	意味 / 例文
497	妥当（だとう）	意味 / 例文
498	一途（いっと）をたどる	意味 / 例文
499	連鎖（れんさ）	意味 / 例文
500	あたふた	意味 / 例文
501	ノンフィクション	意味 / 例文
502	かたくなに	意味 / 例文
503	縦横無尽（じゅうおうむじん）	意味 / 例文
504	断（た）つ	意味 / 例文
505	経（た）つ	意味 / 例文
506	絶（た）つ	意味 / 例文
507	裁（た）つ	意味 / 例文
508	たもとを分（わ）かつ	意味 / 例文
509	いさかい	意味 / 例文
510	工面（くめん）	意味 / 例文

 Try! 上の言葉を自由に２つ以上使って，一文をつくりなさい。

Vocabulary Sheet 35

年　　組　　番　名前

No	言葉		言葉の意味を辞書で調べて例文をつくろう！
511	琴線（きんせん）にふれる	意味	
		例文	
512	浮足（うきあし）立（だ）つ	意味	
		例文	
513	年配（ねんぱい）	意味	
		例文	
514	歯（は）がゆい	意味	
		例文	
515	端午（たんご）の節句（せっく）	意味	
		例文	
516	若気（わかげ）の至（いた）り	意味	
		例文	
517	さばを読（よ）む	意味	
		例文	
518	故意（こい）	意味	
		例文	
519	温（あたた）かい	意味	
		例文	
520	台頭（たいとう）	意味	
		例文	
521	あまた	意味	
		例文	
522	神出鬼没（しんしゅつきぼつ）	意味	
		例文	
523	ハラスメント	意味	
		例文	
524	どんぐりの背（せい）くらべ	意味	
		例文	
525	差（さ）し金（がね）	意味	
		例文	

 上の言葉を自由に2つ以上使って、一文をつくりなさい。

Vocabulary Sheet 36

年　　組　　番　名前

No	言葉		言葉の意味を辞書で調べて例文をつくろう！
526	起死回生（きしかいせい）	意味	
		例文	
527	杜撰（ずさん）	意味	
		例文	
528	固辞（こじ）	意味	
		例文	
529	シェア	意味	
		例文	
530	画策（かくさく）	意味	
		例文	
531	無情（むじょう）	意味	
		例文	
532	名折れ（なおれ）	意味	
		例文	
533	淑やか（しとやか）	意味	
		例文	
534	普遍（ふへん）	意味	
		例文	
535	うたかた（古語（こご））	意味	
		例文	
536	あおる	意味	
		例文	
537	非の打ち所がない（ひのうちどころがない）	意味	
		例文	
538	知己（ちき）	意味	
		例文	
539	水掛け論（みずかけろん）	意味	
		例文	
540	GNP（ジーエヌピー）	意味	
		例文	

 上の言葉を自由に2つ以上使って，一文をつくりなさい。

Vocabulary Sheet 37

年　　組　　番　　名前

No	言葉	言葉の意味を辞書で調べて例文をつくろう！	
541	言い含める	意味	
		例文	
542	あか抜け	意味	
		例文	
543	モチベーション	意味	
		例文	
544	至福	意味	
		例文	
545	ほとぼり	意味	
		例文	
546	ケセラセラ	意味	
		例文	
547	奔走	意味	
		例文	
548	跳ぶ	意味	
		例文	
549	感傷	意味	
		例文	
550	したり顔	意味	
		例文	
551	船頭多くして船山に上る	意味	
		例文	
552	息吹	意味	
		例文	
553	おめおめと	意味	
		例文	
554	枕詞	意味	
		例文	
555	前途洋々	意味	
		例文	

 上の言葉を自由に2つ以上使って，一文をつくりなさい。

Vocabulary Sheet 38

年 組 番
名前

No	言葉		言葉の意味を辞書で調べて例文をつくろう！
556	もちはもち屋	意味	
		例文	
557	まなじり	意味	
		例文	
558	英断（えいだん）	意味	
		例文	
559	鹿おどし（しし）	意味	
		例文	
560	板につく（いた）	意味	
		例文	
561	徹頭徹尾（てっとうてつび）	意味	
		例文	
562	気質（かたぎ）	意味	
		例文	
563	功罪（こうざい）	意味	
		例文	
564	インフラ	意味	
		例文	
565	造詣が深い（ぞうけい・ふか）	意味	
		例文	
566	けふ（古語）（こ）	意味	
		例文	
567	買いかぶる（か）	意味	
		例文	
568	日和見（ひよりみ）	意味	
		例文	
569	暫時（ざんじ）	意味	
		例文	
570	漸次（ぜんじ）	意味	
		例文	

Try! 上の言葉を自由に２つ以上使って，一文をつくりなさい。

Vocabulary Sheet 39

年　　組　　番
名前

No	言葉	意味/例文	言葉の意味を辞書で調べて例文をつくろう！
571	宵闇（よいやみ）	意味 / 例文	
572	陶酔（とうすい）	意味 / 例文	
573	マイノリティ	意味 / 例文	
574	摂生（せっせい）	意味 / 例文	
575	白眉（はくび）	意味 / 例文	
576	たしなめる	意味 / 例文	
577	武士は食わねど高楊枝（ぶしはくわねどたかようじ）	意味 / 例文	
578	仰々しい（ぎょうぎょうしい）	意味 / 例文	
579	一言居士（いちげんこじ）	意味 / 例文	
580	轍（わだち）	意味 / 例文	
581	案山子（かかし）	意味 / 例文	
582	青二才（あおにさい）	意味 / 例文	
583	あだになる	意味 / 例文	
584	馬耳東風（ばじとうふう）	意味 / 例文	
585	ふれこみ	意味 / 例文	

Try! 上の言葉を自由に2つ以上使って、一文をつくりなさい。

Vocabulary Sheet ㊵

年　　組　　番　　名前

No	言葉		言葉の意味を辞書で調べて例文をつくろう！
586	図る（はか）	意味	
		例文	
587	諮る（はか）	意味	
		例文	
588	謀る（はか）	意味	
		例文	
589	前提（ぜんてい）	意味	
		例文	
590	憂い（うれ）	意味	
		例文	
591	驚天動地（きょうてんどうち）	意味	
		例文	
592	夜もすがら（よ）	意味	
		例文	
593	土用（どよう）	意味	
		例文	
594	傍観（ぼうかん）	意味	
		例文	
595	確信（かくしん）	意味	
		例文	
596	紀行（きこう）	意味	
		例文	
597	身を粉にする（み・こ）	意味	
		例文	
598	いやおうなく	意味	
		例文	
599	エッセイ	意味	
		例文	
600	温存（おんぞん）	意味	
		例文	

Try! 上の言葉を自由に２つ以上使って，一文をつくりなさい。

Vocabulary Sheet ㊶

年　　組　　番　　名前

No	言葉		言葉の意味を辞書で調べて例文をつくろう！
601	二番煎じ（にばんせんじ）	意味	
		例文	
602	へき易（えき）	意味	
		例文	
603	ビジョン	意味	
		例文	
604	芋（いも）づる式（しき）	意味	
		例文	
605	偶像（ぐうぞう）	意味	
		例文	
606	てこ入（い）れ	意味	
		例文	
607	くちをし	意味	
		例文	
608	機先（きせん）を制（せい）する	意味	
		例文	
609	臨（のぞ）む	意味	
		例文	
610	不可思議（ふかしぎ）	意味	
		例文	
611	越（こ）える	意味	
		例文	
612	超（こ）える	意味	
		例文	
613	道（みち）すがら	意味	
		例文	
614	いと（古語（こご））	意味	
		例文	
615	遺憾（いかん）	意味	
		例文	

Try! 上の言葉を自由に2つ以上使って，一文をつくりなさい。

Vocabulary Sheet ㊷

年　組　番　名前

No	言葉		言葉の意味を辞書で調べて例文をつくろう！
616	神無月（かんなづき）	意味	
		例文	
617	ならわし	意味	
		例文	
618	付（つ）け焼（や）き刃（ば）	意味	
		例文	
619	茶飯事（さはんじ）	意味	
		例文	
620	一喜一憂（いっきいちゆう）	意味	
		例文	
621	模倣（もほう）	意味	
		例文	
622	甲乙（こうおつ）つけがたい	意味	
		例文	
623	効（き）く	意味	
		例文	
624	利（き）く	意味	
		例文	
625	啓発（けいはつ）	意味	
		例文	
626	あはれ（古語（こご））	意味	
		例文	
627	画竜点睛（がりょうてんせい）	意味	
		例文	
628	措置（そち）	意味	
		例文	
629	レクリエーション	意味	
		例文	
630	おっとり	意味	
		例文	

Try! 上の言葉を自由に２つ以上使って，一文をつくりなさい。

Vocabulary Sheet 43

年　組　番
名前

No	言葉		
			言葉の意味を辞書で調べて例文をつくろう！
631	やがて（古語）	意味	
		例文	
632	混沌(こんとん)	意味	
		例文	
633	焼(や)け石(いし)に水(みず)	意味	
		例文	
634	地理(ちり)に明(あか)るい	意味	
		例文	
635	オピニオン	意味	
		例文	
636	間髪(かんはつ)を入(い)れず	意味	
		例文	
637	不朽(ふきゅう)	意味	
		例文	
638	てん末(まつ)	意味	
		例文	
639	時期尚早(じきしょうそう)	意味	
		例文	
640	さらなり	意味	
		例文	
641	掛詞(かけことば)	意味	
		例文	
642	うろおぼえ	意味	
		例文	
643	あまつさえ	意味	
		例文	
644	暗示(あんじ)	意味	
		例文	
645	一抹(いちまつ)の不安(ふあん)	意味	
		例文	

Try! 上の言葉を自由に2つ以上使って，一文をつくりなさい。

Vocabulary Sheet 44

年　　組　　番
名前

No	言葉		言葉の意味を辞書で調べて例文をつくろう！
646	蛇足（だそく）	意味	
		例文	
647	呉越同舟（ごえつどうしゅう）	意味	
		例文	
648	デジャブ	意味	
		例文	
649	滞る（とどこお）	意味	
		例文	
650	柔よく剛を制す（じゅう・ごう・せい）	意味	
		例文	
651	寄席（よせ）	意味	
		例文	
652	雄弁（ゆうべん）	意味	
		例文	
653	ポテンシャル	意味	
		例文	
654	処方箋（しょほうせん）	意味	
		例文	
655	紅一点（こういってん）	意味	
		例文	
656	雨降って地固まる（あめふ・じかた）	意味	
		例文	
657	めでる	意味	
		例文	
658	婉曲（えんきょく）	意味	
		例文	
659	師走（しわす）	意味	
		例文	
660	いちるの	意味	
		例文	

Try! 上の言葉を自由に２つ以上使って，一文をつくりなさい。

Vocabulary Sheet 45

No	言葉		言葉の意味を辞書で調べて例文をつくろう！
661	奈落（ならく）	意味	
		例文	
662	推移（すいい）	意味	
		例文	
663	マンネリズム	意味	
		例文	
664	希薄（きはく）	意味	
		例文	
665	つたない	意味	
		例文	
666	払拭（ふっしょく）	意味	
		例文	
667	内裏（だいり）	意味	
		例文	
668	笑う門には福来たる（わらうかどにはふくきたる）	意味	
		例文	
669	針のむしろ（はり）	意味	
		例文	
670	唯一無二（ゆいいつむに）	意味	
		例文	
671	かねがね	意味	
		例文	
672	熱に浮かされる（ねつにう）	意味	
		例文	
673	福音（ふくいん）	意味	
		例文	
674	弊害（へいがい）	意味	
		例文	
675	黄昏（たそがれ）	意味	
		例文	

上の言葉を自由に2つ以上使って、一文をつくりなさい。

Vocabulary Sheet 46

年　組　番　名前

No	言葉		
			言葉の意味を辞書で調べて例文をつくろう！
676	まんざらでもない	意味	
		例文	
677	回避（かいひ）	意味	
		例文	
678	路頭に迷う（ろとうにまよう）	意味	
		例文	
679	適性（てきせい）	意味	
		例文	
680	おうよう	意味	
		例文	
681	祝詞（のりと）	意味	
		例文	
682	恒常（こうじょう）	意味	
		例文	
683	厭う（いとう）	意味	
		例文	
684	塞翁が馬（さいおうがうま）	意味	
		例文	
685	一朝一夕（いっちょういっせき）	意味	
		例文	
686	てふてふ（古語（こご））	意味	
		例文	
687	周知（しゅうち）	意味	
		例文	
688	リスク	意味	
		例文	
689	逸脱（いつだつ）	意味	
		例文	
690	ふつつか	意味	
		例文	

Try! 上の言葉を自由に２つ以上使って，一文をつくりなさい。

Vocabulary Sheet 47

No	言葉		言葉の意味を辞書で調べて例文をつくろう！
691	虎の威を借る狐（とらのいをかるきつね）	意味	
		例文	
692	核家族（かくかぞく）	意味	
		例文	
693	しがらみ	意味	
		例文	
694	憤慨（ふんがい）	意味	
		例文	
695	喪中（もちゅう）	意味	
		例文	
696	度量（どりょう）	意味	
		例文	
697	朧月（おぼろづき）	意味	
		例文	
698	そらぞらしい	意味	
		例文	
699	心機一転（しんきいってん）	意味	
		例文	
700	経緯（けいい）	意味	
		例文	
701	言いよどむ（いいよどむ）	意味	
		例文	
702	支障（ししょう）	意味	
		例文	
703	カオス	意味	
		例文	
704	おもんぱかる	意味	
		例文	
705	枚挙にいとまがない（まいきょにいとまがない）	意味	
		例文	

Try! 上の言葉を自由に２つ以上使って，一文をつくりなさい。

Vocabulary Sheet 48

No	言葉		言葉の意味を辞書で調べて例文をつくろう！
706	伏魔殿（ふくまでん）	意味	
		例文	
707	相対的（そうたいてき）	意味	
		例文	
708	築山（つきやま）	意味	
		例文	
709	全うする（まっとうする）	意味	
		例文	
710	大いに（おおいに）	意味	
		例文	
711	過程（かてい）	意味	
		例文	
712	ノルマ	意味	
		例文	
713	たちどころに	意味	
		例文	
714	天下無敵（てんかむてき）	意味	
		例文	
715	人のふんどしで相撲をとる（ひとのふんどしですもうをとる）	意味	
		例文	
716	おしなべて	意味	
		例文	
717	後生（ごしょう）	意味	
		例文	
718	易しい（やさしい）	意味	
		例文	
719	内弁慶（うちべんけい）	意味	
		例文	
720	公（おおやけ）	意味	
		例文	

Try! 上の言葉を自由に２つ以上使って，一文をつくりなさい。

Vocabulary Sheet ㊾

年　組　番
名前

No	言葉		言葉の意味を辞書で調べて例文をつくろう！
721	庵（いおり）	意味	
		例文	
722	目（め）ざとい	意味	
		例文	
723	是非（ぜひ）	意味	
		例文	
724	則（のっと）る	意味	
		例文	
725	違和感（いわかん）	意味	
		例文	
726	抱負（ほうふ）	意味	
		例文	
727	無造作（むぞうさ）	意味	
		例文	
728	照会（しょうかい）	意味	
		例文	
729	きらいがある	意味	
		例文	
730	ひのき舞台（ぶたい）	意味	
		例文	
731	物色（ぶっしょく）	意味	
		例文	
732	出る杭（くい）は打たれる	意味	
		例文	
733	アウトライン	意味	
		例文	
734	無我夢中（むがむちゅう）	意味	
		例文	
735	五里霧中（ごりむちゅう）	意味	
		例文	

 Try!　上の言葉を自由に２つ以上使って，一文をつくりなさい。

Vocabulary Sheet ㊿

年　　組　　番　　名前

No	言葉		言葉の意味を辞書で調べて例文をつくろう！
736	ロジック	意味	
		例文	
737	解釈（かいしゃく）	意味	
		例文	
738	飛んで火に入る夏の虫（とんでひにいるなつのむし）	意味	
		例文	
739	再三（さいさん）	意味	
		例文	
740	挽歌（ばんか）	意味	
		例文	
741	たしなむ	意味	
		例文	
742	うわさすれば影（かげ）	意味	
		例文	
743	ほだされる	意味	
		例文	
744	いそしむ	意味	
		例文	
745	負荷（ふか）	意味	
		例文	
746	十人十色（じゅうにんといろ）	意味	
		例文	
747	納める（おさめる）	意味	
		例文	
748	治める（おさめる）	意味	
		例文	
749	収める（おさめる）	意味	
		例文	
750	修める（おさめる）	意味	
		例文	

 Try! 上の言葉を自由に２つ以上使って，一文をつくりなさい。

Vocabulary Sheet 51

年　　組　　番
名前

No	言葉		言葉の意味を辞書で調べて例文をつくろう！
751	水を打ったよう	意味	
		例文	
752	滑らか	意味	
		例文	
753	免罪符	意味	
		例文	
754	花より団子	意味	
		例文	
755	泰然自若	意味	
		例文	
756	げに	意味	
		例文	
757	伝家の宝刀	意味	
		例文	
758	倒置法	意味	
		例文	
759	図星	意味	
		例文	
760	バリエーション	意味	
		例文	
761	更生	意味	
		例文	
762	えにし	意味	
		例文	
763	人間至るところ青山あり	意味	
		例文	
764	喝采	意味	
		例文	
765	かたじけない	意味	
		例文	

Try! 上の言葉を自由に２つ以上使って，一文をつくりなさい。

Vocabulary Sheet 52

年　組　番
名前

No	言葉		言葉の意味を辞書で調べて例文をつくろう！
766	均衡（きんこう）	意味	
		例文	
767	三つ子の魂百まで（みつご の たましい ひゃく）	意味	
		例文	
768	にわかに	意味	
		例文	
769	東雲（しののめ）	意味	
		例文	
770	一炊の夢（いっすい の ゆめ）	意味	
		例文	
771	いくばく	意味	
		例文	
772	足をすくわれる（あし）	意味	
		例文	
773	角が立つ（かど が た）	意味	
		例文	
774	温故知新（おんこちしん）	意味	
		例文	
775	花筏（はないかだ）	意味	
		例文	
776	没頭（ぼっとう）	意味	
		例文	
777	パラサイト	意味	
		例文	
778	玉虫色（たまむしいろ）	意味	
		例文	
779	捲土重来（けんどちょうらい）	意味	
		例文	
780	若干（じゃっかん）	意味	
		例文	

Try! 上の言葉を自由に２つ以上使って，一文をつくりなさい。

Vocabulary Sheet 53

No	言葉	意味/例文	言葉の意味を辞書で調べて例文をつくろう！
781	七転八起（しちてんはっき）	意味 / 例文	
782	育む（はぐく）	意味 / 例文	
783	如実（にょじつ）	意味 / 例文	
784	モチーフ	意味 / 例文	
785	ひとかど	意味 / 例文	
786	曲者（くせもの）	意味 / 例文	
787	人権（じんけん）	意味 / 例文	
788	読経（どきょう）	意味 / 例文	
789	鬼の目にも涙（おにのめにもなみだ）	意味 / 例文	
790	ごぼうぬき	意味 / 例文	
791	覆水盆に返らず（ふくすいぼんにかえらず）	意味 / 例文	
792	行脚（あんぎゃ）	意味 / 例文	
793	リベラル	意味 / 例文	
794	機会（きかい）	意味 / 例文	
795	覚束ない（おぼつかない）	意味 / 例文	

Try! 上の言葉を自由に2つ以上使って，一文をつくりなさい。

Vocabulary Sheet 54

年　組　番
名前

No	言葉		言葉の意味を辞書で調べて例文をつくろう！
796	所以（ゆえん）	意味 / 例文	
797	目論む（もくろむ）	意味 / 例文	
798	行雲流水（こううんりゅうすい）	意味 / 例文	
799	先達（せんだつ）	意味 / 例文	
800	火中の栗を拾う（かちゅうのくりをひろう）	意味 / 例文	
801	会釈（えしゃく）	意味 / 例文	
802	ともあれ	意味 / 例文	
803	拘る（こだわる）	意味 / 例文	
804	等身大（とうしんだい）	意味 / 例文	
805	浮世（うきよ）	意味 / 例文	
806	潤沢（じゅんたく）	意味 / 例文	
807	アイデンティティー	意味 / 例文	
808	たらい回し（たらいまわし）	意味 / 例文	
809	いぶかる	意味 / 例文	
810	革新（かくしん）	意味 / 例文	

 Try! 上の言葉を自由に２つ以上使って，一文をつくりなさい。

Vocabulary Sheet 55

年　　組　　番
名前

No	言葉	言葉の意味を辞書で調べて例文をつくろう！
811	イニシアチブ	意味 例文
812	つまびらか	意味 例文
813	火の車(ひのくるま)	意味 例文
814	普及(ふきゅう)	意味 例文
815	おろか	意味 例文
816	究める(きわめる)	意味 例文
817	極める(きわめる)	意味 例文
818	枕を高くする(まくらをたかくする)	意味 例文
819	凝視(ぎょうし)	意味 例文
820	しどろもどろ	意味 例文
821	以心伝心(いしんでんしん)	意味 例文
822	スタンダード	意味 例文
823	いたちごっこ	意味 例文
824	悪寒(おかん)	意味 例文
825	委ねる(ゆだねる)	意味 例文

Try! 上の言葉を自由に2つ以上使って，一文をつくりなさい。

Vocabulary Sheet 56

年　組　番
名前

No	言葉		言葉の意味を辞書で調べて例文をつくろう！
826	金輪際（こんりんざい）	意味	
		例文	
827	斜に構える（しゃにかまえる）	意味	
		例文	
828	寛ぐ（くつろぐ）	意味	
		例文	
829	排他（はいた）	意味	
		例文	
830	プライオリティ	意味	
		例文	
831	代謝（たいしゃ）	意味	
		例文	
832	がむしゃら	意味	
		例文	
833	大和（やまと）	意味	
		例文	
834	ねんごろ	意味	
		例文	
835	たまふ（古語）	意味	
		例文	
836	あくまで	意味	
		例文	
837	灰汁が抜ける（あくがぬける）	意味	
		例文	
838	夭逝（ようせい）	意味	
		例文	
839	遭う（あう）	意味	
		例文	
840	既成事実（きせいじじつ）	意味	
		例文	

Try! 上の言葉を自由に2つ以上使って，一文をつくりなさい。

Vocabulary Sheet 57

年　　組　　番　　名前

No	言葉		言葉の意味を辞書で調べて例文をつくろう！
841	虫が知らせる	意味	
		例文	
842	口語	意味	
		例文	
843	弥生	意味	
		例文	
844	森羅万象	意味	
		例文	
845	もっぱら	意味	
		例文	
846	侮る	意味	
		例文	
847	画一的	意味	
		例文	
848	生粋	意味	
		例文	
849	世俗	意味	
		例文	
850	花鳥風月	意味	
		例文	
851	反映	意味	
		例文	
852	筋金入り	意味	
		例文	
853	グローバル	意味	
		例文	
854	おちおち	意味	
		例文	
855	馬の耳に念仏	意味	
		例文	

 上の言葉を自由に2つ以上使って，一文をつくりなさい。

Vocabulary Sheet 58

年　組　番
名前

No	言葉		言葉の意味を辞書で調べて例文をつくろう！
856	オーソドックス	意味	
		例文	
857	発祥の地（はっしょうのち）	意味	
		例文	
858	警鐘（けいしょう）	意味	
		例文	
859	対岸の火事（たいがんのかじ）	意味	
		例文	
860	うやむや	意味	
		例文	
861	もとの木阿弥（もくあみ）	意味	
		例文	
862	懐柔（かいじゅう）	意味	
		例文	
863	まめな人（ひと）	意味	
		例文	
864	潜在的（せんざいてき）	意味	
		例文	
865	芳しい（かんばしい）	意味	
		例文	
866	垣間見る（かいまみる）	意味	
		例文	
867	落成（らくせい）	意味	
		例文	
868	けなげ	意味	
		例文	
869	伝馬船（てんません）	意味	
		例文	
870	前代未聞（ぜんだいみもん）	意味	
		例文	

Try! 上の言葉を自由に2つ以上使って，一文をつくりなさい。

Vocabulary Sheet 59

No	言葉		言葉の意味を辞書で調べて例文をつくろう！
871	耳打ち（みみうち）	意味	
		例文	
872	コンセプト	意味	
		例文	
873	伏線（ふくせん）	意味	
		例文	
874	意に介する（いにかいする）	意味	
		例文	
875	出納（すいとう）	意味	
		例文	
876	ひざを交える（まじ）	意味	
		例文	
877	享受（きょうじゅ）	意味	
		例文	
878	廃れる（すた）	意味	
		例文	
879	司る（つかさど）	意味	
		例文	
880	三種の神器（さんしゅのじんぎ）	意味	
		例文	
881	着の身着のまま（きのみき）	意味	
		例文	
882	つゆ（古語）（こご）	意味	
		例文	
883	身から出たさび（みからでた）	意味	
		例文	
884	容姿端麗（ようしたんれい）	意味	
		例文	
885	威厳（いげん）	意味	
		例文	

Try! 上の言葉を自由に2つ以上使って、一文をつくりなさい。

Vocabulary Sheet 60

年　　組　　番
名前

No	言葉	言葉の意味を辞書で調べて例文をつくろう！	
886	歳時記(さいじき)	意味	
		例文	
887	酷似(こくじ)	意味	
		例文	
888	足掛け(あしかけ)	意味	
		例文	
889	付和雷同(ふわらいどう)	意味	
		例文	
890	遮る(さえぎる)	意味	
		例文	
891	うのみ	意味	
		例文	
892	範疇(はんちゅう)	意味	
		例文	
893	リミット	意味	
		例文	
894	座右銘(ざゆうめい)	意味	
		例文	
895	先天的(せんてんてき)	意味	
		例文	
896	手はず(て)	意味	
		例文	
897	神楽(かぐら)	意味	
		例文	
898	くるぶし	意味	
		例文	
899	漆黒(しっこく)	意味	
		例文	
900	ないがしろ	意味	
		例文	

Try! 上の言葉を自由に２つ以上使って，一文をつくりなさい。

Vocabulary Sheet 61

年　　組　　番　　名前

No	言葉		言葉の意味を辞書で調べて例文をつくろう！
901	背水の陣（はいすいのじん）	意味	
		例文	
902	ひねもす	意味	
		例文	
903	レッテル	意味	
		例文	
904	輪郭（りんかく）	意味	
		例文	
905	糧（かて）	意味	
		例文	
906	発揮（はっき）	意味	
		例文	
907	勇み足（いさみあし）	意味	
		例文	
908	顕著（けんちょ）	意味	
		例文	
909	言葉のあや（ことば）	意味	
		例文	
910	かさに着る（き）	意味	
		例文	
911	高飛車（たかびしゃ）	意味	
		例文	
912	造作ない（ぞうさ）	意味	
		例文	
913	凩（こがらし）	意味	
		例文	
914	凪（なぎ）	意味	
		例文	
915	支離滅裂（しりめつれつ）	意味	
		例文	

Try! 上の言葉を自由に２つ以上使って，一文をつくりなさい。

Vocabulary Sheet 62

年　組　番
名前

No	言葉		言葉の意味を辞書で調べて例文をつくろう！
916	比喩（ひゆ）	意味	
		例文	
917	従順（じゅうじゅん）	意味	
		例文	
918	とどのつまり	意味	
		例文	
919	怒り心頭に発する（いか／しんとう／はっ）	意味	
		例文	
920	包括（ほうかつ）	意味	
		例文	
921	一目置く（いちもく／お）	意味	
		例文	
922	適材適所（てきざいてきしょ）	意味	
		例文	
923	エキスパート	意味	
		例文	
924	おもむろに	意味	
		例文	
925	取り付く島がない（と／つ／しま）	意味	
		例文	
926	幾何学（きかがく）	意味	
		例文	
927	左うちわ（ひだり）	意味	
		例文	
928	押韻（おういん）	意味	
		例文	
929	曖昧（あいまい）	意味	
		例文	
930	助長（じょちょう）	意味	
		例文	

Try! 上の言葉を自由に2つ以上使って，一文をつくりなさい。

Vocabulary Sheet 63

年　　組　　番
名前

No	言葉		
			言葉の意味を辞書で調べて例文をつくろう！
931	やいのやいの	意味	
		例文	
932	人（ひと）のうわさも七十五日（しちじゅうごにち）	意味	
		例文	
933	パイオニア	意味	
		例文	
934	玄人（くろうと）	意味	
		例文	
935	定石（じょうせき）	意味	
		例文	
936	不本意（ふほんい）	意味	
		例文	
937	青写真（あおじゃしん）	意味	
		例文	
938	収拾（しゅうしゅう）がつく	意味	
		例文	
939	じたばた	意味	
		例文	
940	色眼鏡（いろめがね）で見（み）る	意味	
		例文	
941	門外漢（もんがいかん）	意味	
		例文	
942	満（まん）を持（じ）す	意味	
		例文	
943	一蓮托生（いちれんたくしょう）	意味	
		例文	
944	うがつ	意味	
		例文	
945	往生（おうじょう）	意味	
		例文	

Try! 上の言葉を自由に2つ以上使って，一文をつくりなさい。

Vocabulary Sheet 64

No	言葉		
946	無鉄砲（むてっぽう）	意味	
		例文	
947	青菜に塩（あおなにしお）	意味	
		例文	
948	恭しい（うやうやしい）	意味	
		例文	
949	よしみ	意味	
		例文	
950	七夕（たなばた）	意味	
		例文	
951	喜怒哀楽（きどあいらく）	意味	
		例文	
952	たゆまぬ	意味	
		例文	
953	託す（たくす）	意味	
		例文	
954	いやが上にも（うえ）	意味	
		例文	
955	譲歩（じょうほ）	意味	
		例文	
956	お盆（ぼん）	意味	
		例文	
957	逸話（いつわ）	意味	
		例文	
958	アナログ	意味	
		例文	
959	明鏡止水（めいきょうしすい）	意味	
		例文	
960	稚拙（ちせつ）	意味	
		例文	

 上の言葉を自由に2つ以上使って，一文をつくりなさい。

Vocabulary Sheet 65

No	言葉	言葉の意味を辞書で調べて例文をつくろう！
961	おろそかに	意味 / 例文
962	ルーズ	意味 / 例文
963	斡旋（あっせん）	意味 / 例文
964	いでたち	意味 / 例文
965	足下を見る（あしもとをみる）	意味 / 例文
966	感銘（かんめい）	意味 / 例文
967	賛否両論（さんぴりょうろん）	意味 / 例文
968	角を矯めて牛を殺す（つのをためてうしをころす）	意味 / 例文
969	口火を切る（くちびをきる）	意味 / 例文
970	おざなり	意味 / 例文
971	なおざり	意味 / 例文
972	眉唾物（まゆつばもの）	意味 / 例文
973	花言葉（はなことば）	意味 / 例文
974	二枚舌（にまいじた）	意味 / 例文
975	折衷（せっちゅう）	意味 / 例文

Try! 上の言葉を自由に2つ以上使って，一文をつくりなさい。

Vocabulary Sheet 66

No	言葉		
			言葉の意味を辞書で調べて例文をつくろう！
976	論より証拠（ろんよりしょうこ）	意味	
		例文	
977	憧憬（しょうけい）	意味	
		例文	
978	客死（かくし）	意味	
		例文	
979	めど	意味	
		例文	
980	潮時（しおどき）	意味	
		例文	
981	紅顔（こうがん）	意味	
		例文	
982	すべからく	意味	
		例文	
983	悠々自適（ゆうゆうじてき）	意味	
		例文	
984	忍冬（すいかずら）	意味	
		例文	
985	かたずをのむ	意味	
		例文	
986	余興（よきょう）	意味	
		例文	
987	OPEC（オーペック）	意味	
		例文	
988	後ろ髪を引かれる（うしろがみをひかれる）	意味	
		例文	
989	生半可（なまはんか）	意味	
		例文	
990	あした（古語）（こご）	意味	
		例文	

Try！　上の言葉を自由に2つ以上使って，一文をつくりなさい。

Vocabulary Sheet 67

年　組　番　名前

No	言葉		言葉の意味を辞書で調べて例文をつくろう！
991	ＳＮＳ（エスエヌエス）	意味	
		例文	
992	常夏（とこなつ）	意味	
		例文	
993	温床（おんしょう）	意味	
		例文	
994	モラル	意味	
		例文	
995	舌つづみ（した）	意味	
		例文	
996	寓話（ぐうわ）	意味	
		例文	
997	松明（たいまつ）	意味	
		例文	
998	小手調べ（こてしらべ）	意味	
		例文	
999	便乗（びんじょう）	意味	
		例文	
1000	夏至（げし）	意味	
		例文	
1001	兆候（ちょうこう）	意味	
		例文	
1002	一計を案じる（いっけい・あん）	意味	
		例文	
1003	あがなう	意味	
		例文	
1004	後ろ指をさされる（うしゆび）	意味	
		例文	
1005	四面楚歌（しめんそか）	意味	
		例文	

Try! 上の言葉を自由に２つ以上使って，一文をつくりなさい。

Vocabulary Sheet 68

年　　組　　番
名前

No	言葉		言葉の意味を辞書で調べて例文をつくろう！
1006	バーター	意味	
		例文	
1007	訛（なまり）	意味	
		例文	
1008	胸襟を開く（きょうきんをひらく）	意味	
		例文	
1009	端的（たんてき）	意味	
		例文	
1010	はやる気持ち（きも）	意味	
		例文	
1011	凹凸（おうとつ）	意味	
		例文	
1012	凸凹（でこぼこ）	意味	
		例文	
1013	興味津々（きょうみしんしん）	意味	
		例文	
1014	蓼食う虫も好き好き（たでくうむしもすきずき）	意味	
		例文	
1015	平易（へいい）	意味	
		例文	
1016	ギャップ	意味	
		例文	
1017	心酔（しんすい）	意味	
		例文	
1018	打てば響く（うてばひびく）	意味	
		例文	
1019	著しい（いちじるしい）	意味	
		例文	
1020	慶弔（けいちょう）	意味	
		例文	

Try! 上の言葉を自由に２つ以上使って，一文をつくりなさい。

Vocabulary Sheet 69

No	言葉	言葉の意味を辞書で調べて例文をつくろう！
1021	価値観（かちかん）	意味／例文
1022	ニュアンス	意味／例文
1023	駆（か）け出（だ）し	意味／例文
1024	血（ち）と汗（あせ）の結晶（けっしょう）	意味／例文
1025	あとの祭（まつ）り	意味／例文
1026	数寄屋（すきや）	意味／例文
1027	口幅（くちはば）ったい	意味／例文
1028	太公望（たいこうぼう）	意味／例文
1029	あり得（う）る	意味／例文
1030	執拗（しつよう）	意味／例文
1031	まつりごと	意味／例文
1032	不言実行（ふげんじっこう）	意味／例文
1033	目（ま）の当（あ）たり	意味／例文
1034	把握（はあく）	意味／例文
1035	ぞんざい	意味／例文

 Try! 上の言葉を自由に2つ以上使って，一文をつくりなさい。

Vocabulary Sheet 70

No	言葉		
1036	ゆかり	意味	
		例文	
1037	街(まち)	意味	
		例文	
1038	体裁(ていさい)	意味	
		例文	
1039	あくせく	意味	
		例文	
1040	辺境(へんきょう)	意味	
		例文	
1041	コモンセンス	意味	
		例文	
1042	人(ひと)となり	意味	
		例文	
1043	ペンは剣(けん)よりも強(つよ)し	意味	
		例文	
1044	不知火(しらぬい)	意味	
		例文	
1045	言語道断(ごんごどうだん)	意味	
		例文	
1046	ブランク	意味	
		例文	
1047	脆弱(ぜいじゃく)	意味	
		例文	
1048	一日(いちじつ)の長(ちょう)	意味	
		例文	
1049	うんぬん	意味	
		例文	
1050	過渡期(かとき)	意味	
		例文	

Try! 上の言葉を自由に2つ以上使って、一文をつくりなさい。

Vocabulary Sheet 71

No	言葉	言葉の意味を辞書で調べて例文をつくろう！
1051	些細（ささい）	意味／例文
1052	ジンクス	意味／例文
1053	青田買い（あおたがい）	意味／例文
1054	閑古鳥が鳴く（かんこどりがなく）	意味／例文
1055	ひな形（ひながた）	意味／例文
1056	陰暦（いんれき）	意味／例文
1057	つぶら	意味／例文
1058	不文律（ふぶんりつ）	意味／例文
1059	翻る（ひるがえる）	意味／例文
1060	終始一貫（しゅうしいっかん）	意味／例文
1061	数知らず（かずしらず）	意味／例文
1062	踏襲（とうしゅう）	意味／例文
1063	雌雄を決する（しゆうをけっする）	意味／例文
1064	マイナー	意味／例文
1065	推し量る（おしはかる）	意味／例文

 上の言葉を自由に2つ以上使って，一文をつくりなさい。

Vocabulary Sheet 72

年　組　番
名前

No	言葉	言葉の意味を辞書で調べて例文をつくろう！	
1066	規範（きはん）	意味	
		例文	
1067	さしずめ	意味	
		例文	
1068	冬至（とうじ）	意味	
		例文	
1069	おくびにも出（だ）さない	意味	
		例文	
1070	ライフライン	意味	
		例文	
1071	形骸（けいがい）	意味	
		例文	
1072	なまじ	意味	
		例文	
1073	死活問題（しかつもんだい）	意味	
		例文	
1074	百聞は一見にしかず（ひゃくぶん・いっけん）	意味	
		例文	
1075	臆（おく）する	意味	
		例文	
1076	名刹（めいさつ）	意味	
		例文	
1077	目眩（めくるめ）く	意味	
		例文	
1078	土壇場（どたんば）	意味	
		例文	
1079	いたづらに（古語（ここ））	意味	
		例文	
1080	先駆（せんく）	意味	
		例文	

Try! 上の言葉を自由に２つ以上使って，一文をつくりなさい。

Vocabulary Sheet 73

年　　組　　番
名前

No	言葉		言葉の意味を辞書で調べて例文をつくろう！
1081	流用（りゅうよう）	意味	
		例文	
1082	調える（ととの える）	意味	
		例文	
1083	へつらう	意味	
		例文	
1084	思いも寄らない（おも よ）	意味	
		例文	
1085	腹案（ふくあん）	意味	
		例文	
1086	ステレオタイプ	意味	
		例文	
1087	立役者（たてやくしゃ）	意味	
		例文	
1088	不可抗力（ふかこうりょく）	意味	
		例文	
1089	老舗（しにせ）	意味	
		例文	
1090	ヒエラルキー	意味	
		例文	
1091	紋切り型（もんき がた）	意味	
		例文	
1092	たわわ	意味	
		例文	
1093	十把ひとからげ（じっぱ）	意味	
		例文	
1094	木漏れ日（こ も び）	意味	
		例文	
1095	境地（きょうち）	意味	
		例文	

Try! 上の言葉を自由に2つ以上使って，一文をつくりなさい。

Vocabulary Sheet 74

年　組　番　名前

No	言葉	言葉の意味を辞書で調べて例文をつくろう！	
1096	超越（ちょうえつ）	意味	
		例文	
1097	意思（いし）	意味	
		例文	
1098	批評（ひひょう）	意味	
		例文	
1099	二兎を追う者は一兎も得ず（にとをおうものはいっともえず）	意味	
		例文	
1100	ひいては	意味	
		例文	
1101	インフォームドコンセント	意味	
		例文	
1102	寛容（かんよう）	意味	
		例文	
1103	とめどなく	意味	
		例文	
1104	企む（たくらむ）	意味	
		例文	
1105	忌憚のない（きたんのない）	意味	
		例文	
1106	たまゆら（古語）	意味	
		例文	
1107	終日（しゅうじつ）	意味	
		例文	
1108	雲泥の差（うんでいのさ）	意味	
		例文	
1109	契機（けいき）	意味	
		例文	
1110	千差万別（せんさばんべつ）	意味	
		例文	

Try! 上の言葉を自由に2つ以上使って，一文をつくりなさい。

Vocabulary Sheet 75

No	言葉		言葉の意味を辞書で調べて例文をつくろう！
1111	柔和（にゅうわ）	意味	
		例文	
1112	きびすを返す（かえ）	意味	
		例文	
1113	塩梅（あんばい）	意味	
		例文	
1114	朝令暮改（ちょうれいぼかい）	意味	
		例文	
1115	擬音（ぎおん）	意味	
		例文	
1116	ミッション	意味	
		例文	
1117	平衡（へいこう）	意味	
		例文	
1118	暁（あかつき）	意味	
		例文	
1119	占める（し）	意味	
		例文	
1120	遊説（ゆうぜい）	意味	
		例文	
1121	みだりに	意味	
		例文	
1122	木に縁って魚求む（き・よ・うおもと）	意味	
		例文	
1123	ＮＧＯ（エヌジーオー）	意味	
		例文	
1124	馬子にも衣装（まご・いしょう）	意味	
		例文	
1125	そそくさ	意味	
		例文	

Try! 上の言葉を自由に２つ以上使って，一文をつくりなさい。

Vocabulary Sheet 76

No	言葉		言葉の意味を辞書で調べて例文をつくろう！
1126	廉価（れんか）	意味	
		例文	
1127	マニュアル	意味	
		例文	
1128	おもてなし	意味	
		例文	
1129	洞察（どうさつ）	意味	
		例文	
1130	いざ鎌倉（かまくら）	意味	
		例文	
1131	犬猿の仲（けんえんのなか）	意味	
		例文	
1132	所望（しょもう）	意味	
		例文	
1133	一点張り（いってんばり）	意味	
		例文	
1134	てこずる	意味	
		例文	
1135	交錯（こうさく）	意味	
		例文	
1136	むげに	意味	
		例文	
1137	異動（いどう）	意味	
		例文	
1138	ポジティブ	意味	
		例文	
1139	針小棒大（しんしょうぼうだい）	意味	
		例文	
1140	皆無（かいむ）	意味	
		例文	

Try! 上の言葉を自由に2つ以上使って，一文をつくりなさい。

Vocabulary Sheet 77

年　　組　　番
名前

No	言葉		
1141	堂に入る（どう・い）	意味	
		例文	
1142	虚栄（きょえい）	意味	
		例文	
1143	無病息災（むびょうそくさい）	意味	
		例文	
1144	抽象（ちゅうしょう）	意味	
		例文	
1145	かすがい	意味	
		例文	
1146	代物（しろもの）	意味	
		例文	
1147	未必の故意（みひつ・こい）	意味	
		例文	
1148	推す（お）	意味	
		例文	
1149	のべつ幕なし（まく）	意味	
		例文	
1150	九十九折り（つづらお）	意味	
		例文	
1151	十八番（おはこ）	意味	
		例文	
1152	素読（すどく）	意味	
		例文	
1153	コラボレーション	意味	
		例文	
1154	横柄（おうへい）	意味	
		例文	
1155	しめやかに	意味	
		例文	

Try! 上の言葉を自由に2つ以上使って，一文をつくりなさい。

Vocabulary Sheet 78

No	言葉	意味/例文
1156	バッシング	意味 / 例文
1157	まだしも	意味 / 例文
1158	四次元(よじげん)	意味 / 例文
1159	しかも	意味 / 例文
1160	転嫁(てんか)	意味 / 例文
1161	十五夜(じゅうごや)	意味 / 例文
1162	遵守(じゅんしゅ)	意味 / 例文
1163	紺屋の白袴(こうやのしろばかま)	意味 / 例文
1164	抗う(あらがう)	意味 / 例文
1165	間一髪(かんいっぱつ)	意味 / 例文
1166	うそも方便(ほうべん)	意味 / 例文
1167	逸材(いつざい)	意味 / 例文
1168	創意工夫(そういくふう)	意味 / 例文
1169	ゑびす(古語)	意味 / 例文
1170	案じる(あんじる)	意味 / 例文

Try! 上の言葉を自由に2つ以上使って，一文をつくりなさい。

Vocabulary Sheet 79

年　　組　　番
名前

No	言葉		言葉の意味を辞書で調べて例文をつくろう！
1171	粗相（そそう）	意味	
		例文	
1172	尾（お）ひれをつける	意味	
		例文	
1173	牧歌的（ぼっかてき）	意味	
		例文	
1174	いきさつ	意味	
		例文	
1175	精進料理（しょうじんりょうり）	意味	
		例文	
1176	建立（こんりゅう）	意味	
		例文	
1177	語弊（ごへい）	意味	
		例文	
1178	他山の石（たざんのいし）	意味	
		例文	
1179	リハビリ	意味	
		例文	
1180	よもや	意味	
		例文	
1181	営利（えいり）	意味	
		例文	
1182	上意下達（じょういかたつ）	意味	
		例文	
1183	一世一代（いっせいちだい）	意味	
		例文	
1184	げんをかつぐ	意味	
		例文	
1185	バロメーター	意味	
		例文	

Try! 上の言葉を自由に2つ以上使って，一文をつくりなさい。

Vocabulary Sheet 80

No	言葉		
1186	旧態依然（きゅうたいいぜん）	意味	
		例文	
1187	真打ち（しんうち）	意味	
		例文	
1188	過疎（かそ）	意味	
		例文	
1189	ほぞをかむ	意味	
		例文	
1190	音便（おんびん）	意味	
		例文	
1191	摂理（せつり）	意味	
		例文	
1192	いみじくも	意味	
		例文	
1193	先んずれば人を制す（さきんずればひとをせいす）	意味	
		例文	
1194	淘汰（とうた）	意味	
		例文	
1195	陶冶（とうや）	意味	
		例文	
1196	ＡＰＥＣ（エイペック）	意味	
		例文	
1197	兵（つわもの）	意味	
		例文	
1198	オブザーバー	意味	
		例文	
1199	狡猾（こうかつ）	意味	
		例文	
1200	能ある鷹は爪を隠す（のうあるたかはつめをかくす）	意味	
		例文	

上の言葉を自由に２つ以上使って，一文をつくりなさい。

Vocabulary Sheet 81

年　　組　　番
名前

No	言葉	言葉の意味を辞書で調べて例文をつくろう！
1201	四六時中（しろくじちゅう）	意味 / 例文
1202	木陰（こかげ）	意味 / 例文
1203	うんちく	意味 / 例文
1204	抜擢（ばってき）	意味 / 例文
1205	差し当たり（さしあたり）	意味 / 例文
1206	瓦解（がかい）	意味 / 例文
1207	映える（はえる）	意味 / 例文
1208	昔取った杵柄（むかしとったきねづか）	意味 / 例文
1209	お中元（おちゅうげん）	意味 / 例文
1210	いばらの道（みち）	意味 / 例文
1211	たっての	意味 / 例文
1212	ジレンマ	意味 / 例文
1213	推敲（すいこう）	意味 / 例文
1214	きざし	意味 / 例文
1215	吟味（ぎんみ）	意味 / 例文

Try! 上の言葉を自由に2つ以上使って，一文をつくりなさい。

Vocabulary Sheet 82

No	言葉		
1216	クライマックス	意味	
		例文	
1217	会心(かいしん)	意味	
		例文	
1218	舎人(とねり)	意味	
		例文	
1219	風物詩(ふうぶつし)	意味	
		例文	
1220	九分九厘(くぶくりん)	意味	
		例文	
1221	艶やか(あでやか)	意味	
		例文	
1222	由々しい(ゆゆしい)	意味	
		例文	
1223	けんもほろろ	意味	
		例文	
1224	霙(みぞれ)	意味	
		例文	
1225	イデオロギー	意味	
		例文	
1226	席巻(せっけん)	意味	
		例文	
1227	いっこうに	意味	
		例文	
1228	雪辱を果たす(せつじょくをはたす)	意味	
		例文	
1229	愚問(ぐもん)	意味	
		例文	
1230	したためる	意味	
		例文	

 上の言葉を自由に2つ以上使って，一文をつくりなさい。

Vocabulary Sheet 83

No	言葉	意味 / 例文
1231	奇しくも（く）	意味／例文
1232	打診（だしん）	意味／例文
1233	金科玉条（きんかぎょくじょう）	意味／例文
1234	おのずから	意味／例文
1235	表裏一体（ひょうりいったい）	意味／例文
1236	野分（のわき）	意味／例文
1237	お茶をにごす（ちゃ）	意味／例文
1238	顔色をうかがう（かおいろ）	意味／例文
1239	波及（はきゅう）	意味／例文
1240	シミュレーション	意味／例文
1241	一段落（いちだんらく）	意味／例文
1242	棄権（きけん）	意味／例文
1243	手持ちぶさた（ても）	意味／例文
1244	昇華（しょうか）	意味／例文
1245	バイリンガル	意味／例文

Try! 上の言葉を自由に2つ以上使って，一文をつくりなさい。

Vocabulary Sheet 84

No	言葉		
1246	流石（さすが）	意味	
		例文	
1247	二つ返事（ふたつへんじ）	意味	
		例文	
1248	敬服（けいふく）	意味	
		例文	
1249	手（て）ぐすねをひく	意味	
		例文	
1250	架空（かくう）	意味	
		例文	
1251	最期（さいご）	意味	
		例文	
1252	詮索（せんさく）	意味	
		例文	
1253	つつがない	意味	
		例文	
1254	ユートピア	意味	
		例文	
1255	承る（うけたまわる）	意味	
		例文	
1256	遣う（つかう）	意味	
		例文	
1257	アカウンタビリティ	意味	
		例文	
1258	東奔西走（とうほんせいそう）	意味	
		例文	
1259	兼ね合い（かねあい）	意味	
		例文	
1260	吐露（とろ）	意味	
		例文	

Try! 上の言葉を自由に2つ以上使って，一文をつくりなさい。

Vocabulary Sheet 85

No	言葉	言葉の意味を辞書で調べて例文をつくろう！
1261	臨機応変（りんきおうへん）	意味 / 例文
1262	戯言（たわこと）	意味 / 例文
1263	天晴れ（あっぱれ）	意味 / 例文
1264	使命（しめい）	意味 / 例文
1265	無常（むじょう）	意味 / 例文
1266	前人未踏（ぜんじんみとう）	意味 / 例文
1267	かたわら	意味 / 例文
1268	山車（だし）	意味 / 例文
1269	捨て鉢（すてばち）	意味 / 例文
1270	勧める（すすめる）	意味 / 例文
1271	分析（ぶんせき）	意味 / 例文
1272	なれの果て（は）	意味 / 例文
1273	臥薪嘗胆（がしんしょうたん）	意味 / 例文
1274	孤高（ここう）	意味 / 例文
1275	インフレ	意味 / 例文

Try! 上の言葉を自由に2つ以上使って、一文をつくりなさい。

Vocabulary Sheet 86

No	言葉		言葉の意味を辞書で調べて例文をつくろう！
1276	もののけ	意味	
		例文	
1277	緑青(ろくしょう)	意味	
		例文	
1278	月夜(つきよ)の提灯(ちょうちん)	意味	
		例文	
1279	主観(しゅかん)	意味	
		例文	
1280	念頭(ねんとう)に置(お)く	意味	
		例文	
1281	動機(どうき)	意味	
		例文	
1282	解夏(げげ)	意味	
		例文	
1283	とりとめのない	意味	
		例文	
1284	未明(みめい)	意味	
		例文	
1285	けがの功名(こうみょう)	意味	
		例文	
1286	おあつらえ向(む)き	意味	
		例文	
1287	ファジー	意味	
		例文	
1288	重(おも)きを置(お)く	意味	
		例文	
1289	疑心暗鬼(ぎしんあんき)	意味	
		例文	
1290	あたかも	意味	
		例文	

Try! 上の言葉を自由に2つ以上使って，一文をつくりなさい。

Vocabulary Sheet 87

No	言葉	言葉の意味を辞書で調べて例文をつくろう！
1291	折り合い	意味 / 例文
1292	魔がさす	意味 / 例文
1293	黒子	意味 / 例文
1294	茶番	意味 / 例文
1295	篝火	意味 / 例文
1296	月並み	意味 / 例文
1297	自業自得	意味 / 例文
1298	モットー	意味 / 例文
1299	象徴	意味 / 例文
1300	牛耳る	意味 / 例文
1301	過ぎたるは及ばざるがごとし	意味 / 例文
1302	妹（古語）	意味 / 例文
1303	闊達	意味 / 例文
1304	必至	意味 / 例文
1305	畏怖	意味 / 例文

 上の言葉を自由に2つ以上使って，一文をつくりなさい。

Vocabulary Sheet 88

No	言葉		言葉の意味を辞書で調べて例文をつくろう！
1306	俗(ぞく)に	意味	
		例文	
1307	固執(こしつ)	意味	
		例文	
1308	躾(しつけ)	意味	
		例文	
1309	エゴ	意味	
		例文	
1310	鳶(とび)が鷹(たか)を生(う)む	意味	
		例文	
1311	物腰(ものごし)	意味	
		例文	
1312	切磋琢磨(せっさたくま)	意味	
		例文	
1313	和(なご)む	意味	
		例文	
1314	和(やわ)らぐ	意味	
		例文	
1315	晩年(ばんねん)	意味	
		例文	
1316	かまける	意味	
		例文	
1317	ドナー	意味	
		例文	
1318	疎遠(そえん)	意味	
		例文	
1319	明(あ)けても暮(く)れても	意味	
		例文	
1320	花(はな)を持(も)たせる	意味	
		例文	

Try! 上の言葉を自由に2つ以上使って，一文をつくりなさい。

Vocabulary Sheet 89

年　　組　　番　名前

No	言葉		言葉の意味を辞書で調べて例文をつくろう！
1321	突飛（とっぴ）な	意味	
		例文	
1322	五十歩百歩（ごじっぽひゃっぽ）	意味	
		例文	
1323	さながら	意味	
		例文	
1324	風情（ふぜい）	意味	
		例文	
1325	対象（たいしょう）	意味	
		例文	
1326	対照（たいしょう）	意味	
		例文	
1327	対称（たいしょう）	意味	
		例文	
1328	括（くく）る	意味	
		例文	
1329	いわんや	意味	
		例文	
1330	反面教師（はんめんきょうし）	意味	
		例文	
1331	過剰（かじょう）	意味	
		例文	
1332	沙汰（さた）	意味	
		例文	
1333	安泰（あんたい）	意味	
		例文	
1334	コンタクト	意味	
		例文	
1335	馬（うま）の骨（ほね）	意味	
		例文	

上の言葉を自由に2つ以上使って，一文をつくりなさい。

Vocabulary Sheet ⑨⓪

年　　組　　番　　名前

No	言葉		言葉の意味を辞書で調べて例文をつくろう！
1336	パーソナリティー	意味	
		例文	
1337	機転(きてん)	意味	
		例文	
1338	医者の不養生(いしゃのふようじょう)	意味	
		例文	
1339	方策(ほうさく)	意味	
		例文	
1340	爾(なんじ)	意味	
		例文	
1341	即興(そっきょう)	意味	
		例文	
1342	ひとかたならぬ	意味	
		例文	
1343	奇(き)をてらう	意味	
		例文	
1344	年功序列(ねんこうじょれつ)	意味	
		例文	
1345	末広(すえひろ)がり	意味	
		例文	
1346	遊山(ゆさん)	意味	
		例文	
1347	かいがいしい	意味	
		例文	
1348	ときの声(こえ)	意味	
		例文	
1349	精算(せいさん)	意味	
		例文	
1350	清算(せいさん)	意味	
		例文	

 Try! 上の言葉を自由に2つ以上使って，一文をつくりなさい。

Vocabulary Sheet 91

年　組　番
名前

No	言葉		言葉の意味を辞書で調べて例文をつくろう！
1351	煙(けむ)にまく	意味	
		例文	
1352	理路整然(りろせいぜん)	意味	
		例文	
1353	本意(ほんい)	意味	
		例文	
1354	泣(な)き面(つら)に蜂(はち)	意味	
		例文	
1355	茶化(ちゃか)す	意味	
		例文	
1356	作為(さくい)	意味	
		例文	
1357	ボランティア	意味	
		例文	
1358	追憶(ついおく)	意味	
		例文	
1359	渡(わた)る世間(せけん)に鬼(おに)はない	意味	
		例文	
1360	焼(や)けぼっくい	意味	
		例文	
1361	還元(かんげん)	意味	
		例文	
1362	枯(か)れ木(き)も山(やま)のにぎわい	意味	
		例文	
1363	円安(えんやす)	意味	
		例文	
1364	許嫁(いいなずけ)	意味	
		例文	
1365	水(みず)の泡(あわ)	意味	
		例文	

Try! 上の言葉を自由に2つ以上使って，一文をつくりなさい。

Vocabulary Sheet 92

No	言葉	言葉の意味を辞書で調べて例文をつくろう！
1366	真骨頂（しんこっちょう）	意味／例文
1367	天賦の才（てんぷのさい）	意味／例文
1368	ガイドライン	意味／例文
1369	沽券にかかわる（こけん）	意味／例文
1370	春雨（はるさめ）	意味／例文
1371	襟を正す（えりをただす）	意味／例文
1372	をかし（古語）	意味／例文
1373	配偶者（はいぐうしゃ）	意味／例文
1374	体たらく（てい）	意味／例文
1375	果報は寝て待て（かほうはねてまて）	意味／例文
1376	暗中模索（あんちゅうもさく）	意味／例文
1377	むさぼる	意味／例文
1378	えん罪（ざい）	意味／例文
1379	迎合（げいごう）	意味／例文
1380	胸算用（むなざんよう）	意味／例文

Try! 上の言葉を自由に2つ以上使って，一文をつくりなさい。

Vocabulary Sheet 93

No	言葉		言葉の意味を辞書で調べて例文をつくろう！
1381	契り（ちぎり）	意味	
		例文	
1382	草いきれ（くさいきれ）	意味	
		例文	
1383	本望（ほんもう）	意味	
		例文	
1384	ＧＤＰ（ジーディーピー）	意味	
		例文	
1385	克己（こっき）	意味	
		例文	
1386	そもそも	意味	
		例文	
1387	逐次（ちくじ）	意味	
		例文	
1388	岡目八目（おかめはちもく）	意味	
		例文	
1389	処世術（しょせいじゅつ）	意味	
		例文	
1390	あやかる	意味	
		例文	
1391	虎の子（とらのこ）	意味	
		例文	
1392	マクロ	意味	
		例文	
1393	唖然（あぜん）	意味	
		例文	
1394	忽然（こつぜん）	意味	
		例文	
1395	漠然（ばくぜん）	意味	
		例文	

Try! 上の言葉を自由に2つ以上使って、一文をつくりなさい。

Vocabulary Sheet 94

No	言葉		言葉の意味を辞書で調べて例文をつくろう！
1396	やませ	意味	
		例文	
1397	相殺（そうさい）	意味	
		例文	
1398	割く（さ）	意味	
		例文	
1399	行使（こうし）	意味	
		例文	
1400	負い目（おめ）	意味	
		例文	
1401	EC（イーシー）	意味	
		例文	
1402	棚（たな）からぼた餅（もち）	意味	
		例文	
1403	毛頭（もうとう）ない	意味	
		例文	
1404	パラドックス	意味	
		例文	
1405	差し障り（さしさわ）	意味	
		例文	
1406	孤軍奮闘（こぐんふんとう）	意味	
		例文	
1407	閉口（へいこう）	意味	
		例文	
1408	さめざめ	意味	
		例文	
1409	物議（ぶつぎ）をかもす	意味	
		例文	
1410	唐突（とうとつ）	意味	
		例文	

Try! 上の言葉を自由に2つ以上使って，一文をつくりなさい。

Vocabulary Sheet 95

年　　組　　番　名前

No	言葉		言葉の意味を辞書で調べて例文をつくろう！
1411	やぶから棒（ぼう）	意味	
		例文	
1412	示唆（しさ）	意味	
		例文	
1413	たぶらかす	意味	
		例文	
1414	カリスマ	意味	
		例文	
1415	駆逐（くちく）	意味	
		例文	
1416	切（せつ）に	意味	
		例文	
1417	WHO（ダブリューエイチオー）	意味	
		例文	
1418	忸怩（じくじ）たる	意味	
		例文	
1419	河岸（かし）	意味	
		例文	
1420	毅然（きぜん）	意味	
		例文	
1421	歴然（れきぜん）	意味	
		例文	
1422	核心（かくしん）	意味	
		例文	
1423	抜（ぬ）け駆（が）け	意味	
		例文	
1424	粉骨砕身（ふんこつさいしん）	意味	
		例文	
1425	裏腹（うらはら）	意味	
		例文	

Try! 上の言葉を自由に２つ以上使って，一文をつくりなさい。

Vocabulary Sheet 96

No	言葉		言葉の意味を辞書で調べて例文をつくろう！
1426	まゐる（古語）	意味	
		例文	
1427	臨場感（りんじょうかん）	意味	
		例文	
1428	節分（せつぶん）	意味	
		例文	
1429	詭弁（きべん）	意味	
		例文	
1430	代替案（だいたいあん）	意味	
		例文	
1431	住めば都（すめばみやこ）	意味	
		例文	
1432	もとより	意味	
		例文	
1433	第六感（だいろっかん）	意味	
		例文	
1434	コスト	意味	
		例文	
1435	口頭（こうとう）	意味	
		例文	
1436	魚心あれば水心（うおごころあればみずごころ）	意味	
		例文	
1437	わだかまり	意味	
		例文	
1438	概ね（おおむね）	意味	
		例文	
1439	あえなく	意味	
		例文	
1440	取捨選択（しゅしゃせんたく）	意味	
		例文	

Try! 上の言葉を自由に2つ以上使って，一文をつくりなさい。

Vocabulary Sheet 97

年　　組　　番
名前

No	言葉		言葉の意味を辞書で調べて例文をつくろう！
1441	るつぼ	意味	
		例文	
1442	早起きは三文の徳	意味	
		例文	
1443	端くれ	意味	
		例文	
1444	一期一会	意味	
		例文	
1445	ノウハウ	意味	
		例文	
1446	来賓	意味	
		例文	
1447	時化	意味	
		例文	
1448	対峙	意味	
		例文	
1449	ＯＤＡ	意味	
		例文	
1450	ぎくしゃく	意味	
		例文	
1451	二の舞を演じる	意味	
		例文	
1452	泡をくう	意味	
		例文	
1453	敬遠	意味	
		例文	
1454	大黒柱	意味	
		例文	
1455	嗚咽	意味	
		例文	

Try! 上の言葉を自由に２つ以上使って，一文をつくりなさい。

Vocabulary Sheet 98

No	言葉	言葉の意味を辞書で調べて例文をつくろう！
1456	喧騒(けんそう)	意味 / 例文
1457	揶揄(やゆ)	意味 / 例文
1458	問答無用(もんどうむよう)	意味 / 例文
1459	曲解(きょっかい)	意味 / 例文
1460	やにわに	意味 / 例文
1461	おとなし（古語(こご)）	意味 / 例文
1462	ローカル	意味 / 例文
1463	目(め)からうろこが落(お)ちる	意味 / 例文
1464	開放(かいほう)	意味 / 例文
1465	解放(かいほう)	意味 / 例文
1466	なかんずく	意味 / 例文
1467	解雇(かいこ)	意味 / 例文
1468	押(お)し問答(もんどう)	意味 / 例文
1469	ＩＴ(アイティー)	意味 / 例文
1470	うさんくさい	意味 / 例文

Try! 上の言葉を自由に2つ以上使って，一文をつくりなさい。

Vocabulary Sheet 99

年　　組　　番
名前

No	言葉	言葉の意味を辞書で調べて例文をつくろう！	
1471	権化（ごんげ）	意味	
		例文	
1472	ピンキリ	意味	
		例文	
1473	まがいもの	意味	
		例文	
1474	失笑（しっしょう）	意味	
		例文	
1475	しきたり	意味	
		例文	
1476	糠に釘（ぬかにくぎ）	意味	
		例文	
1477	いたいけ	意味	
		例文	
1478	素性（すじょう）	意味	
		例文	
1479	メリット	意味	
		例文	
1480	歌のこぶし（うたのこぶし）	意味	
		例文	
1481	野放図（のほうず）	意味	
		例文	
1482	感慨無量（かんがいむりょう）	意味	
		例文	
1483	骨とう品（こっとうひん）	意味	
		例文	
1484	希少（きしょう）	意味	
		例文	
1485	大器晩成（たいきばんせい）	意味	
		例文	

Try! 上の言葉を自由に2つ以上使って，一文をつくりなさい。

Vocabulary Sheet (100)

年　組　番
名前

No	言葉		言葉の意味を辞書で調べて例文をつくろう！
1486	他力本願（たりきほんがん）	意味	
		例文	
1487	竜頭蛇尾（りゅうとうだび）	意味	
		例文	
1488	白夜（びゃくや）	意味	
		例文	
1489	つれづれ（古語（こご））	意味	
		例文	
1490	無尽蔵（むじんぞう）	意味	
		例文	
1491	かこつける	意味	
		例文	
1492	レクイエム	意味	
		例文	
1493	語彙（ごい）	意味	
		例文	
1494	愛嬌（あいきょう）をふりまく	意味	
		例文	
1495	たけなわ	意味	
		例文	
1496	愛想（あいそ）	意味	
		例文	
1497	是（ぜ）が非（ひ）でも	意味	
		例文	
1498	スタンス	意味	
		例文	
1499	蛍雪（けいせつ）の功（こう）	意味	
		例文	
1500	言霊（ことだま）	意味	
		例文	

 上の言葉を自由に２つ以上使って，一文をつくりなさい。